Espiritualidade do comunicador

Viver a mística nos tempos atuais

sepac

Serviço à Pastoral da Comunicação
Coleção Pastoral da Comunicação: Teoria e Prática

A. *Série Manuais* (aplica, na prática, os conteúdos laboratoriais realizados no Sepac)
   1. Rádio: a arte de falar e ouvir (Laboratório)
   2. Jornal impresso: da forma ao discurso (Laboratório)
   3. Publicidade: a criatividade na teoria e na prática (Laboratório)
   4. Teatro em comunidade (Laboratório)
   5. Internet: a porta de entrada para a comunidade do conhecimento (Laboratório)
   6. Mídias Digitais - produção de conteúdo para a web (Laboratório)
   7. Oratória: técnicas para falar em público
   8. Espiritualidade: consciência do corpo na comunicação
   9. Vídeo: da emoção à razão (Laboratório)

B. *Série Dinamizando a comunicação* (reaviva, sobretudo nas paróquias, a Pastoral da Comunicação para formar agentes comunicadores)
   1. Dia Mundial das Comunicações Sociais – Maria Alba Vega
   2. Comunicação e família – Ivonete Kurten
   3. Pastoral da Comunicação: diálogo entre fé e cultura – Joana T. Puntel e Helena Corazza
   4. Homilia: a comunicação da Palavra – Enio José Rigo
   5. Geração Net: relacionamento, espiritualidade, vida profissional – Gildásio Mendes
   6. A comunicação nas celebrações litúrgicas – Helena Corazza
   7. Homilia: espaço para comunicar esperança – Helena Corazza, Edelcio Ottaviani, Leomar Nascimento de Jesus
   8. Espiritualidade do comunicador: Viver a mística nos tempos atuais – Helena Corazza, Joana T. Puntel.

C. *Série Comunicação e cultura* (oferece suporte cultural para o aprofundamento de temas comunicacionais)
   1. Cultura midiática e Igreja: uma nova ambiência – Joana T. Puntel
   2. Comunicação eclesial: utopia e realidade – José Marques de Melo
   3. INFOtenimento: informação + entretenimento no jornalismo – Fábia Angélica Dejavite
   4. Recepção mediática e espaço público: novos olhares – Mauro Wilton de Sousa (org.)
   5. Manipulação da linguagem e linguagem da manipulação: estudando o tema a partir do filme A fuga das galinhas – Claudinei Jair Lopes
   6. Cibercultura sob o olhar dos Estudos Culturais – Rovilson Robbi Britto
   7. Fé e Cultura; desafio de um diálogo em comunicação – Celito Moro
   8. Jovens na cena metropolitana: percepções, narrativas e modos de comunicação – Silvia H. S. Borelli, Rose de Melo Rocha, Rita de Cássia Alves de Oliveira (orgs.)
   9. Comunicação: diálogo dos saberes na cultura midiática – Joana T. Puntel
   10. Igreja e sociedade. Método de trabalho na comunicação – Joana T. Puntel
   11. E o verbo se fez rede: Religiosidades em reconstrução – Moisés Sbardelotto

Helena Corazza
Joana T. Puntel

Espiritualidade do comunicador

Viver a mística nos tempos atuais

Paulinas

Dados Internacionais de Catalogação na Publicação (CIP)
(Câmara Brasileira do Livro, SP, Brasil)

Corazza, Helena
　　Espiritualidade do comunicador : Viver a mística nos tempos atuais / Helena Corazza, Joana T. Puntel. -- São Paulo : Paulinas, 2018. -- (Pastoral da comunicação : teoria e prática. Série dinamizando a comunicação)

ISBN: 978-85-356-4394-7

1. Comunicação - Aspectos religiosos 2. Espiritualidade 3. Misticismo - Cristianismo I. Puntel, Joana T. II. Título III. Série.

18-14074　　　　　　　　　　　　　　　　　　　　　　　　　　　CDD-248.4

Índice para catálogo sistemático:
1. Espiritualidade e mística : Cristianismo 248.4

Direção-geral:
Flávia Reginatto
Editora responsável:
Maria Goretti de Oliveira
Copidesque:
Ana Cecilia Mari
Coordenação de revisão:
Marina Mendonça
Revisão:
Sandra Sinzato
Gerente de produção:
Felício Calegaro Neto
Produção de arte
Tiago Filu

1ª edição – 2018
2ª reimpressão – 2023

Nenhuma parte desta obra poderá ser reproduzida ou transmitida por qualquer forma e/ou quaisquer meios (eletrônico ou mecânico, incluindo fotocópia e gravação) ou arquivada em qualquer sistema ou banco de dados sem permissão escrita da Editora. Direitos reservados.

SEPAC – Serviço à Pastoral da Comunicação

Rua Dona Inácia Uchoa, 62 - Bloco A - 2º andar - Vila Mariana
04110-020 – São Paulo – SP (Brasil)
Tel.: (11) 2125-3540
http://www.sepac.org.br – sepac@paulinas.com.br/
www.paulinas.org.br/sepac / www.paulinascursos.com/sepac

Paulinas

Rua Dona Inácia Uchoa, 62
04110-020 – São Paulo – SP (Brasil)
Tel.: (11) 2125-3500
http://www.paulinas.com.br – editora@paulinas.com.br
Telemarketing e SAC: 0800-7010081

© Pia Sociedade Filhas de São Paulo – São Paulo, 2018

Sumário

Introdução 7
Espiritualidade da comunicação 11
    O olhar criador de Deus 12
    Jesus Cristo, ele comunica o Pai 14
    O Espírito Santo e a ação comunicativa 18
    Fontes da espiritualidade cristã 19
Jesus Cristo, comunicador do Pai 23
    Jesus, comunicador do Pai 24
    Caminho, Verdade e Vida para o Pai 26
    A comunicação de Jesus no cotidiano 28
    Comunicação de Jesus com a mulher 30
    Consequências para quem segue Jesus comunicador .. 33
Maria, comunicadora de Jesus 35
    Maria, Mãe e estrela da nova evangelização 36
    Maria discípula missionária, editora de Deus 40
    Dar Jesus ao mundo, uma missão para o nosso tempo ... 44
A mística de Paulo comunicador 49
    Paulo: homem marcado pela luz de Damasco 52
    Em Paulo, uma relação *interna* e *externa* 55
Considerações finais 63
Referências 65
Apêndice 69
Rezando a comunicação 79

Introdução

Um dos temas que mais despertam a atenção das pessoas, nas mais variadas religiões, é a questão da mística. Alguns a simplificam denominando-a de "espiritualidade", como é o caso de várias partes desta breve publicação, que não tem interesse em fazer "exegese" sobre a palavra mística e espiritualidade, suas semelhanças ou características peculiares, senão contemplá-las, uma vez que se encontram intrinsecamente ligadas, algo que vem do interior da pessoa e a transcende mediante uma união profunda com o ser superior, em nosso caso, com Deus.

Considera-se *mística* como lugar do encontro. Tem a ver com a cotidianidade das pessoas, nos seus mais variados aspectos. Trata-se da profundidade da relação, da experiência visceral com Deus, que pode acontecer tanto no silêncio de um claustro como pelas ruas do mundo. Claudio H. Lima Vaz, referindo-se a Jaques Maritain, apresenta uma definição para a experiência mística, dizendo que ela consiste basicamente numa "experiência fruitiva do absoluto", isto é, uma experiência de conhecimento, posse e adesão do absoluto.

É neste sentido que este opúsculo sugere viver a espiritualidade do comunicador, levando-o à vivência cotidiana de sua missão, impregnada de interioridade, como requisitos fundamentais de uma atividade comunicadora para os dias atuais. Pois é a mística que leva e envia à ação de evangelizar.

São oferecidas algumas "pistas" que poderão ir ao encontro de como viver a espiritualidade do comunicador como lugar do encontro. O grande encontro que situa o comunicador como *participante na criação* e como *sujeito* do processo comunicativo. O olhar criador de Deus leva a contemplar a acolhida da criação como presente de Deus Criador, e seu projeto de amor faz com que o ser humano se sinta, com o seu trabalho e criatividade, participante e também criador dessa obra. O comunicador prolonga a obra criadora de Deus no mundo, por isso, a inspiração primeira e fundamental na relação com o Criador.

No olhar criador de Deus, o comunicador encontra a importância de contemplar o significado de Jesus Cristo que comunica o Pai, o Espírito Santo, como elo da comunicação entre o Pai e o Filho, o grande inspirador, a fonte de vida que fecunda a ação evangelizadora.

A reflexão seguinte, centrada em Jesus Cristo comunicador, que se revela Caminho, Verdade e Vida, evoca o sentido da Encarnação como ponto de ligação, contato, entre o Deus invisível e o ser humano. Assumindo a condição humana, ou seja, fazendo-se gente, um de nós, passando pela mesma experiência de ser gestado no corpo da mãe, aprender a falar, a conviver, a rezar, a falar a língua do seu povo, Jesus se insere na comunidade humana. Essa experiência faz ele aprender a falar do Pai, a ser a imagem do Deus invisível, que ele tão bem conhece. Esta é a grande novidade que Jesus quer comunicar: o Pai. Pela sua encarnação, Jesus "desce" e faz parte da história humana. Insere-se na cultura, fala a língua do seu povo, serve-se dos recursos e linguagem dessa cultura. As palavras, os gestos, o silêncio, as narrativas são suas formas de comunicação. E, assim, ele entra no cotidiano das pessoas, sem separar o sagrado do profano.

Seguir Jesus comunicador é estar diante do modelo máximo, do protótipo da verdadeira comunicação.

Maria, mãe e discípula, é também comunicadora de Jesus. Além de ser parte integrante da espiritualidade cristã, há nela uma particularidade essencial que faz o comunicador olhá-la como mãe do Filho e sua seguidora. Como discípula, Maria "é a missionária que se aproxima de nós, para nos acompanhar ao longo da vida, abrindo os corações à fé com o seu afeto materno" (EG 286). Por isso, ela é mãe e estrela da nova evangelização, a qual dá e aponta o caminho para o grande comunicador, Jesus. Como Maria o comunicou, ela torna-se, por esse motivo, uma "estrada" a ser percorrida.

Também a mística de Paulo, um comunicador, nos leva à profundidade do que significa um processo de relação íntima com o Mestre Jesus até chegar ao "Já não sou eu que vivo, é Cristo que vive em mim" (Gl 4,20). O processo de assimilação de uma identidade cristocêntrica, assumida por Paulo, o faz viver permanentemente no Espírito que o habita e que abre seus olhos para as realidades necessitadas do Evangelho. Um "facho" de luz que exigiu e o acompanhou por toda a vida, indicando-lhe a direção, o como comunicar Jesus, nas mais diversas situações. Paulo seguiu o Espírito que o movia. A evangelização nascia, então, como consequência de um movimento interior na vida de Paulo.

Espiritualidade da comunicação

A espiritualidade é um aspecto central para o cristão, as pastorais e, sobretudo, para os agentes da Pastoral da Comunicação (Pascom), pois ela é a seiva que dá vida aos ramos. "Sem a prática e a vivência da espiritualidade, o comunicador esvazia-se, fragiliza-se como sujeito e torna-se vulnerável às dificuldades que se apresentam ao longo do caminho."[1]

Como a comunicação é, por natureza, relacionamento, comunhão, partilha, assim é a espiritualidade. E a Palavra de Jesus é viva: "Sou eu a videira; vós os ramos. Permanecei no meu amor" (Jo 15,5). Como ação voltada para o outro, em favor de alguém, a comunicação é uma ação que influencia as outras pessoas, por isso, se coloca a serviço da vida: "Eu vim para que todos tenham vida e a tenham em abundância" (Jo 10,10).

Da mesma forma que a comunicação é entendida como algo que envolve a pessoa toda, chamada a construir e promover processos relacionais, assim ocorre com a espiritualidade. Ela precisa envolver a pessoa por completo, em todos os seus aspectos e relações: consigo mesma, o espírito e a corporeidade; com os

---

[1] CNBB. *Diretório de comunicação da Igreja no Brasil*, doc. 99, n. 253.

outros, Deus, a sociedade, a cultura e o meio ambiente. Estes elementos fazem parte de uma mesma realidade e se integram. Dessa forma, compreende-se e pode-se dizer do ser humano: não apenas tenho um corpo, sou um corpo; não apenas faço comunicação, sou comunicação; não apenas rezo, sou uma pessoa unida e marcada pelo amor de Deus; o meio ambiente é a casa comum, por isso, sou chamado a colaborar na obra da Criação, hoje.

Uma espiritualidade da comunicação inspira-se e alimenta-se na relação trinitária, sob o olhar criador de Deus, em Jesus Cristo, comunicador do Pai, e no Espírito Santo, que fecunda toda a ação criadora e comunicativa do Pai, em Jesus Cristo.

O olhar criador de Deus

A comunicação insere-se na obra criadora de Deus, pois, a partir da criação, o ser humano passou a ser *participante dessa criação* e *sujeito* do processo comunicativo. Todo o empenho na descoberta das novas tecnologias, no campo da comunicação, é visto como colaboração na obra de Deus. O olhar de criaturas colocadas num "jardim" para serem felizes e colaborarem para que, nesta casa comum, o meio ambiente, a obra da Criação continue e, sobretudo, *seja cuidada*, faz do ser humano participante da obra do Criador.

Quando Deus criou o mundo, o meio ambiente, os animais, fez também o homem e a mulher como seres em relação e disse-lhes: "dominai a terra" (Gn 1,26-28). É no espírito de continuidade da obra da criação que continuam sendo vistos todos os progressos da cultura e da ciência. Neste sentido, a Instrução pastoral *Communio et Progressio* (CP), recordando *Gaudium et*

Spes (GS), coloca a comunicação como obra do Criador, que continua sendo criada e recriada pelas mãos humanas. Dessa forma, cada pessoa, unida a seus irmãos, coopera nos desígnios que Deus tem para a história, sendo como que conduzida pela mão divina.[2]

A criação do homem e da mulher como imagem e semelhança de Deus, como seres relacionais, é ponto fundamental que não se pode perder de vista:

> O ser humano aparece como "alguém", como "sujeito". De um lado, é criatura e como tal depende do Criador plenamente. Porém, ele recebe a faculdade de decidir livremente. O ser humano tem capacidade para tomar suas decisões. Com isso, ele não aparece como objeto, e sim como "sujeito" que pode dar sentido às coisas.[3]

Nessa capacidade de dar sentido às coisas e à vida, ao cotidiano, o ser humano aparece como ser que tem "interioridade", isto é, dotado de capacidade de decisões livres.

A acolhida da criação como presente de Deus Criador e seu projeto de amor fazem com que o ser humano se sinta, com o seu trabalho e criatividade, participante e também criador dessa obra. Por outro lado, ao abusar de sua liberdade, buscando esse presente somente para si ou fechando-se em sua solidão e egoísmo, tendo por objetivo apenas o lucro, ele se autodestrói, deixando de favorecer processos em favor da vida e da solidariedade.

---

[2] PAULO VI. Constituição pastoral *Gaudim et Spes*, sobre a Igreja no mundo de hoje, novembro de 1965, n. 36.

[3] YSERN. *Elementos básicos para una pastoral de la Informatica y de las nuevas tecnologías de la comunicación social*. Brasília, 1995.

Surge, assim, a reflexão sobre como este enfoque da participação do ser humano na obra criadora de Deus pode iluminar os caminhos da comunicação, hoje, nos elementos essenciais e processos, tendo como foco o ser humano enquanto sujeito desse processo relacional. Uma das questões a serem levantadas é a da relação do ser humano com o meio ambiente e com os espaços da comunicação. Mais do que nunca esse "jardim", essa "casa comum" precisa de cuidados, isso envolve tanto a natureza e o que é comum para o bem viver quanto o cuidado com a comunicação visual e sonora nos espaços, para que despertem o bem, favoreçam a vida e o bem-estar a todos.

Jesus Cristo, ele comunica o Pai

A história da salvação é a história da comunicação de Deus com o ser humano. O estudo das Escrituras mostra como Deus mantém diálogo constante com o seu povo. Ele o convida a participar de sua obra criadora, caminha com ele e ilumina seu caminho no deserto, fala por meio dos profetas. "Quando, porém, veio a plenitude do tempo, Deus enviou o seu Filho, nascido sob a Lei" (Gl 4,4). Dessa forma, para falar a mesma língua dos seres humanos, para dialogar e se fazer entender, Jesus se encarnou, se tornou humano. "E a Palavra se fez carne, e armou sua tenda entre nós, e vimos a sua glória, glória como do Unigênito, pleno de graça e verdade" (Jo 1,14).

Para poder comunicar-se com as pessoas, Jesus se faz homem, num tempo datado e num lugar geográfico. Dessa forma, ele mostra o rosto de Deus ao seu povo e se torna comunicador do Pai. Quando os discípulos dizem "nós não sabemos o caminho... mostra-nos o Pai", Jesus responde: "Sou eu o Caminho, a Verdade e a Vida. Ninguém vai ao Pai a não ser por mim" (Jo 14,6). É a partir da Encarnação que Deus se aproxima, ainda mais, do ser humano, na pessoa do Filho, "imagem do Deus invisível" (Cl 1,15). O Verbo se encarna, entra na história para fazer história com o seu povo. Esse dado possibilita a reflexão e o cultivo de uma espiritualidade da comunicação centrada na pessoa de Jesus, que se comunica a partir da vida, do cotidiano. Um Jesus encarnado que se relaciona e fala a partir de uma realidade vista, vivida, experimentada com o povo, fala a sua língua e anuncia o Reino de Deus.

A partir do Concílio Vaticano II, sobretudo, a Igreja centra seu olhar na comunicação de Jesus que, pela sua Encarnação, fez-se semelhante àqueles que haviam de receber sua mensagem, que ele comunicava com a palavra e com a vida. "Não falava como que 'de fora' mas 'de dentro', a partir do seu povo... adaptava-se à sua mentalidade." Durante a sua permanência na terra, Cristo manifestou-se como perfeito comunicador. Pela "Encarnação" fez-se semelhante àqueles que haviam de receber a sua mensagem, mensagem que comunicava com a palavra e com a vida. Não falava como que "de fora", mas "de dentro, a partir do seu povo; anunciava-lhe a Palavra de Deus [...] com coragem e sem compromissos". Jesus "adaptava-se à sua linguagem e mentalidade, encarnado como estava, na situação, a partir da qual falava". Entretanto, "comunicar não é apenas exprimir ideias ou manifestar sentimentos". É o próprio Cristo que ensina: a comunicação "no seu mais profundo significado é doação de si mesmo, por amor". Daí que "a comunicação de Cristo, é Espírito e Vida".[4]

---

[4] Cf. Instrução pastoral *Communio et Progressio*, sobre os meios de comunicação social, n. 11.

Para viver em profundidade a prática de Jesus, é preciso compreender esta visão integrada do ser humano que ele anuncia para responder aos anseios da pessoa. Recordando a história, no início do século XX, diante das mudanças que ocorriam na sociedade, também no campo das comunicações, o Papa Leão XIII escreve uma carta encíclica onde propõe um desenvolvimento integral da pessoa e pede que a vida seja centrada em Jesus Cristo Caminho, Verdade e Vida, salvação para a humanidade.[5]

O jovem Tiago Alberione, hoje bem-aventurado, bebeu nesta fonte da carta do papa, estudando-a no seminário, e ficou tocado com a expressão "Caminho, Verdade e Vida". Ele diz: "Senti como revelação, entendi que esta prática envolvia a vida da pessoa e senti o desejo de que todos conheçam, pratiquem e vivam esta devoção". Dessa forma, Alberione, o fundador da Família Paulina, motivado por essa palavra do papa, a assumiu não só como inspiração, mas como método da espiritualidade para os tempos modernos. Uma espiritualidade que tenha em conta o desenvolvimento integral da pessoa espelhando-se no Mestre.

Jesus Mestre Caminho, Verdade e Vida é uma proposta de espiritualidade que envolve a pessoa no seu todo. O aspecto antropológico, contemplado na prática da comunicação, também está presente na espiritualidade. O ser humano está a *caminho* de mais vida para si mesmo e para a sociedade; busca conhecer a *verdade* e vivê-la em si mesmo e no contexto que o cerca; busca sentido para a sua *vida* e para os acontecimentos no tempo, ou seja, aqui e agora, e para o depois, a eternidade.

---

[5] LEÃO XIII. Carta encíclica sobre o Cristo Redentor, *Tametsi Futura*, 1º de novembro de 1900.

Na compreensão de uma espiritualidade onde o ser humano se encontra como criatura, na pessoa de Jesus que o toma por inteiro – na inteligência, na vontade, nos sentimentos – e de que, em Jesus Cristo, encontra as respostas e o caminho de felicidade, isso é algo que o preenche.

Essa é uma espiritualidade integral e integradora, própria para a época da comunicação global, porque é expressão da totalidade do mistério do Filho de Deus e porque atinge a totalidade da pessoa humana: mente, vontade, sentimentos, corpo. Alberione diz: "A pessoa integral em Cristo para um amor total a Deus: inteligência, vontade, emoções, afetividade, forças físicas. Tudo: natureza, graça e vocação para o apostolado".[6]

E falando da espiritualidade para os comunicadores e comunicadoras cristãos, a Igreja do Brasil, no documento da CNBB 59, propõe:

> Desenvolver a espiritualidade do comunicador cristão que se fundamenta no exemplo de Jesus Cristo que, ao optar por um processo inculturado e dialógico de comunicação, possibilitava ao povo que o ouvia e com ele convivia, a inefável ventura de rever a comunicação de Deus Pai, fonte de toda verdade, amor, perdão e comunhão, como também a descoberta de Deus no mundo e a criação da consciência crítica junto aos receptores de sua mensagem.[7]

---

[6] ALBERIONE. *História carismática da Família Paulina*, p. 67.
[7] CNBB. *Igreja e comunicação rumo ao novo milênio*, n. 2.

O Espírito Santo e a ação comunicativa

O Espírito é o dom gratuito do Pai pelo Filho, que fecunda toda ação comunicativa e age a partir da interioridade. Ele é o agente central da comunicação e a ele estão associados o amor e a comunhão. O Espírito é o agente central da comunicação de Deus com o ser humano, da comunhão na Igreja e da atividade missionária, enquanto animador da atividade comunicativa e evangelizadora da Igreja.

É, ao mesmo tempo, o elo da comunicação entre o Pai e o Filho, vértice do amor que culmina na comunicação. Ele é o amor, a fonte de vida que fecunda a ação evangelizadora e missionária da comunhão fraterna, da superação dos obstáculos de uma comunicação que se coloca em favor da vida. É ele também que move os corações para o perdão, o respeito e o amor fraternos, inclusive nos momentos em que os relacionamentos se tornam mais difíceis.

Na comunidade cristã, o Espírito Santo é o agente da comunicação e da comunhão, pois ele tem a missão de guiar, ensinar, inspirar para o conhecimento e o exercício da verdade, como diz Jesus no Evangelho de João: "Mas o Defensor, o Espírito Santo que o Pai enviará em meu nome, este vos ensinará todas as coisas e vos recordará tudo o que eu vos disse" (Jo 14,26); "Quando vier o Espírito de verdade, este vos conduzirá em toda a verdade" (Jo 16,13). O Espírito, portanto, ensina, recorda, instrui, comunica, faz compreender, leva ao conhecimento da verdade, requisitos fundamentais de uma atividade comunicativa para os discípulos missionários da comunicação, na comunidade cristã e na sociedade.

Fontes da espiritualidade cristã

A espiritualidade cristã alimenta-se na seiva da Palavra de Deus e na Eucaristia celebrada comunitariamente. A Palavra e a Eucaristia são fontes, mananciais que saciam a fome e a sede de Deus, de cada ser humano no ontem e no hoje da história.

A missão da Igreja deriva da Palavra de Deus e é confiada a cada batizado. A consciência missionária, desde os primórdios da comunidade cristã, se apoia no anúncio da Palavra de Deus. "É necessário descobrir cada vez mais a urgência e a beleza de anunciar a Palavra para a vinda do Reino de Deus, que o próprio Cristo pregou".[8] A Palavra é o próprio Cristo, que se encarna, vive com o seu povo, anuncia o Reino de Deus, como imagem do Deus invisível, tornando conhecido e amado o rosto misericordioso do Pai. "Todos nos damos conta de quão necessário é que a luz de Cristo ilumine cada âmbito da humanidade: a família, a escola, a cultura, o trabalho, o tempo livre e os outros setores da vida social."[9]

A Palavra de Deus é alimento e desafia uma comunicação que seja viva e eficaz, uma comunicação cuja linguagem faça parte do mundo do interlocutor. Daí a necessidade de traduzir os conceitos teológicos e catequéticos para a linguagem do cotidiano. As expressões: "E a Palavra se fez carne e armou sua tenda entre nós" (Jo 1,14), "Ele é a imagem do Deus invisível" (Cl 1,15), remetem ao mistério da Encarnação em que Deus vem ao nosso encontro e ao empenho de uma comunicação que não seja palavra vazia, mas esteja apoiada na experiência.

---

[8] BENTO XVI. Exortação apostólica pós-sinodal *Verbum Domini*, n. 92.
[9] Ibid., n. 93.

Palavra e Eucaristia como alicerces da vida cristã chamam ao compromisso. A Eucaristia pode ser vivida apenas como momentos de devoção: participar da missa, adoração ao Santíssimo, momentos de adoração, o que é fundamental para o fortalecimento da fé, da esperança e do amor. Entretanto, ela precisa se tornar *pão partido*, que se traduz em ações concretas, em compromisso com os mais necessitados. Este compromisso pode ser individual ou comunitário, uma vez que o "serviço da caridade" é uma forma de organizar o bem e é confiado à comunidade, pois "O amor cristão tem duas faces inseparáveis: faz brotar e crescer a comunhão fraterna entre os que acolheram a Palavra do Evangelho *e leva ao serviço a todos, particularmente aos mais pobres*".[10]

O compromisso cristão se torna testemunho que ilumina a vida dos fiéis, os fortalece na fé e ajuda a crer. O exemplo da comunidade cristã é palavra viva e testemunho para que outros acreditem e reafirma a presença do Ressuscitado: "O que era desde o princípio, o que ouvimos, o que vimos com nossos olhos, o que contemplamos e nossas mãos tocaram da Palavra da vida. O que vimos e ouvimos anunciamos também a vós, para que estejais em comunhão conosco" (1Jo 1,1; 3).

A Eucaristia é devoção, adoração, mas é pão partido. O Cristo, que é alimento na oração, na adoração eucarística, na comunhão, torna-se pão partido pela doação de si mesmo, de seu tempo, pela dedicação ao outro para que ele cresça. No capítulo 13 da primeira carta de São Paulo aos Coríntios, observa-se que a Eucaristia se torna doação da vida por amor: "Ainda que eu

---

[10] CNBB. *Diretrizes Gerais da ação evangelizadora da Igreja no Brasil*, doc. 94, n. 130 c.

fale as línguas dos homens e dos anjos, se não tiver amor, sou um bronze que soa ou um címbalo retumbante" (1Cor 13,1). A reflexão desse texto bíblico alimenta a espiritualidade e faz ir à essência do que é comunicar, sabendo que isso não se resume a apenas conhecimento, exterioridade, ainda que este sejam legítimos e bons. Toda comunicação precisa ser acompanhada pela doação de si por amor, seja em se tratando de bens espirituais, seja corporais.

A comunicação trabalha muito a formação do pensamento, das mentes. Conforme Alberione, a evangelização pela comunicação precisa gerar pensamentos cristãos e vida cristã.[11] O profeta das comunicações ainda assegura: "Devemos conduzir as pessoas ao Paraíso. Não, porém, as que viveram há dez séculos, mas as que vivem hoje. Devemos acolher o mundo e as pessoas como são *hoje*, para fazer *hoje* o bem". Dessa forma, a espiritualidade da comunicação se alimenta da Palavra e da Eucaristia e se torna pão partido, alimentando outras pessoas, conforme a prática do Mestre da comunicação, Jesus de Nazaré. A evangelização bebe da fonte da comunicação de Jesus, o comunicador do Pai.

---

[11] Cf. ALBERIONE. *Pensamentos*, p. 161.

Jesus Cristo, comunicador do Pai

Vivemos na "civilização da imagem", na cultura digital. Uma cultura que comunica pela imagem, pelo som e pelos dígitos. A comunicação entre as pessoas é, em grande parte, mediada pelas tecnologias, e o contato pessoal tem ficado em segundo ou terceiro plano. A impressão que se tem é de que ela é só "dos meios", pela intensidade com que faz parte do cotidiano.

A comunicação é processo relacional, seja na forma presencial, intrapessoal, interpessoal, grupal ou a distância, mediada pelas tecnologias. O conceito adotado aqui é o da relação das pessoas consigo mesmas e, sobretudo, com o outro. Uma comunicação que liberta, quando a pessoa consegue se relacionar com o outro enquanto sujeito.

Aqui o foco é a comunicação de Jesus na sua relação com as pessoas. Para tanto, é importante observar como ele entra no mundo delas e como, a partir dessa relação, possibilita-lhes a libertação ou as liberta. Com base na reflexão dos textos bíblicos e através da experiência pessoal da partilha, é possível perceber a busca por respostas, na comunicação de Jesus, para iluminar a nossa. Jesus parte sempre da realidade das pessoas, de onde elas se encontram, pois, ao atingi-las em profundidade, elas passam a ter mais vida.

Jesus, comunicador do Pai, tem muito a dizer sobre a sua comunicação com o ser humano. Ele atinge a pessoa toda, não só na inteligência, mas nos sentimentos, na imaginação, nas decisões, no dia a dia. Uma comunicação que tem a força da vida e de quem comunica e que dá nova força às palavras, aos gestos, sinais e símbolos.

O apóstolo Paulo afirma: "Ele é a imagem do Deus invisível" (Cl 1,15). Pela sua Encarnação, Jesus "desce" e faz parte da história humana, fala a língua do seu povo, serve-se dos recursos e linguagem da sua cultura. As palavras, os gestos, o silêncio, as narrativas são suas formas de comunicação. Ele entrou no cotidiano das pessoas, sem separar o sagrado do profano. Ele enfrentou e venceu muitos preconceitos, sobretudo em relação à lei e à mulher. Seu objetivo era ser comunicador do Pai e revelar seu rosto misericordioso: "Quem me vê, vê o Pai" (Jo 14,7), bem como mostrar e ser o caminho para o Pai: "Eu sou o Caminho, a Verdade e a Vida!" (Jo 14,6).

Jesus, comunicador do Pai

Jesus é a *Palavra*, o Verbo que se fez gente, a Palavra que existia desde o começo (cf. Jo 1,1). "E a Palavra se fez homem e armou sua tenda entre nós" (Jo 1,14). Esta Palavra se fez *imagem*: "Ele é a imagem do Deus invisível" (Cl 1,15), conforme assegura o apóstolo Paulo, grande evangelizador das primeiras comunidades cristãs.

Assumindo a condição humana, o Filho de Deus traz o Deus *invisível*, que ninguém viu, para junto das pessoas. Ele mesmo se torna, em sua pessoa, a possibilidade de se relacionar com os semelhantes. Sem a Encarnação de Jesus, que possibilitou que Deus se aproximasse dos humanos, como se poderia falar em comunicação?

O corpo de Jesus, entendendo-se como corpo todas as possibilidades de comunicação com o mundo e com os outros, é o que torna a *ponte,* o caminho, a imagem, a palavra, o contato da realidade divina com a humana. Como afirma o evangelista: "Ninguém jamais viu a Deus. O Deus Unigênito que está na intimidade do Pai, ele deu a conhecer!" (Jo 1,18). O próprio Jesus disse a Filipe: "Todo esse tempo estou convosco e não me conheces, Filipe? Quem me tem visto, tem visto o Pai. Como tu dizes: 'Mostra-nos o Pai'?" (Jo 14,9).

A Encarnação de Jesus é o ponto de ligação, o contato, entre o Deus invisível e o ser humano. Só pode haver comunicação, quando há um universo comum, um referencial mínimo conhecido de ambas as partes.

Assumindo a condição humana, ou seja, fazendo-se gente, um de nós, passando pela mesma experiência de ser gestado no corpo da mãe, tendo aprendido a falar, a conviver, a rezar, Jesus se insere na comunidade humana. Todos esses pontos comuns fazem Jesus aprender a falar do Pai, a ser a imagem do Deus invisível. Esta é a grande novidade que Jesus quer comunicar: o Pai.

E terá Jesus se perguntado, muitas vezes, como posso falar do Pai? Em que momento? Vivendo na sua cultura, Jesus, com certeza, contemplava a realidade dos agricultores, dos pastores, das mulheres, dos sacerdotes, dos doutores da lei, dos pobres e das crianças. E deve ter pensado, muitas vezes, como revelar a bondade, o amor e a ternura do Pai, em cada realidade. Deve ter pensado como partir da realidade concreta em que as pessoas vivem, sofrem, se alegram, para transmitir a novidade de revelar o Pai, e de ser ele o Caminho, a Verdade e a Vida, para que, assim, as pessoas o conhecessem.

Houve um momento em que Jesus até censurou Filipe, dizendo: "Todo esse tempo estou convosco e não me conheces, Filipe? Quem me tem visto, tem visto o Pai. Como tu dizes: 'Mostra-nos o Pai?'" (Jo 14,9). Como comunicador do Pai, ele o testemunhou com palavras e com obras. Ele disse a Nicodemos: "Amém, amém, eu te digo: falamos o que sabemos e testemunhamos o que temos visto, mas não recebeis nosso testemunho" (Jo 3,11). O Pai também dá testemunho de Jesus: "Eu, porém, tenho um testemunho maior que o de João: as obras que o Pai me deu para levá-las a cumprimento. Essas mesmas obras que faço testemunham que o Pai me enviou" (Jo 5,36). Jesus se identifica com o Pai: "Eu e o Pai somos um" (Jo 10,30), e nisso se torna perfeito comunicador, revelando-o: "Quem me tem visto, tem visto o Pai" (Jo 14,9).

Caminho, Verdade e Vida para o Pai

Vendo os discípulos preocupados pela possível ausência dele, Jesus tem uma conversa muito pessoal com os seus seguidores e diz:

> Não se agite o vosso coração. Credes em Deus; crede também em mim. [...] Disse Tomé: "Senhor, não sabemos para onde vais. Como podemos conhecer o caminho?" Disse-lhe Jesus: "Sou eu o caminho, a verdade e a vida. Ninguém vai ao Pai senão por mim" (Jo 14,1; 5–6).

A seguir, Filipe interpela Jesus: "'Senhor, mostra-nos o Pai e isso nos basta'. Disse-lhe Jesus: 'Todo esse tempo estou convosco e não me conheces, Filipe? Quem me tem visto, tem visto o Pai'. Como tu dizes: 'Mostra-nos o Pai'?" (Jo 14,8-9).

O sentido de Caminho, Verdade e Vida, com que Jesus se autodefine, está ligado à *revelação* do Pai. Jesus se diz *Caminho* para o Pai. Andando pelo *caminho=Jesus* se chega ao Pai. Este *caminho* é a *porta* de entrada para a *vida*. Este *caminho* abre para a *verdade*.

Jesus é o Caminho que liberta. Bruno Forte diz que "é no Espírito que nos tornamos livres para ir ao Pai, pelo Caminho que é Cristo. O Espírito é a libertação da liberdade, aquele que nos liberta para caminhar no caminho de Cristo".

A *Verdade* remete à *Palavra*. Jesus é o Verbo, a Palavra do Pai, revelada. Na mentalidade semítica, *dabar* significa o que está por detrás, isto é, o coração, a força. Chamar alguém pelo nome, no mundo semita, é já possuí-lo, entrar em comunhão com ele. Para um hebreu, a Palavra significa o próprio Deus. Assim, a Palavra de Deus não é alguma coisa, mas *alguém*. Jesus diz: "Eu sou a Verdade", e isso pode ser traduzido por "Eu sou a fidelidade de Deus, no amor".

Jesus Verdade se identifica com o Espírito da Verdade: "O Espírito da verdade, que o mundo não pode receber porque não o vê, nem o conhece. Vós o conheceis porque permanece convosco e estará em vós" (Jo 14,17).

No Evangelho de João, especialmente, Cristo é *Vida:* "Eu vim para que tenham vida e a tenham em abundância" (Jo 10,10b). Jesus é a *Vida* porque dá a vida pelos outros, porque restaura a vida perdida, restaura a saúde e quer que esta vida seja abundante, tanto a vida do corpo como a do espírito. Ele é o Bom Pastor que dá a vida pelas ovelhas, que cuida das que estão doentes (cf. Jo 10).

A comunicação de Jesus no cotidiano

Jesus se relaciona com as pessoas, no cotidiano, onde elas se encontram e onde ele as encontra. É amigo, compartilha a vida com elas, não só as alegrias, mas, sobretudo, os momentos de sofrimento. Os amigos e amigas mandam-lhe recados como este: "Senhor, eis que aquele que amas está doente" (Jo 11,3). E ele tem a mesma reciprocidade com eles: "Vendo (Jesus), Maria ajoelhou-se a seus pés e disse: 'Senhor, se estivesses estado aqui, meu irmão não teria morrido'" (Jo 11,21).

Jesus não tem medo nem vergonha de expressar os sentimentos diante dos amigos e nem mesmo diante dos que o observam: "Quando Jesus a viu lamentando-se e os judeus que estavam com ela também se lamentando, sentiu uma comoção e ficou agitado interiormente. [...] Jesus chorou" (Jo 11,33; 35). Jesus atinge as pessoas no profundo de si mesmas, sofre com elas e as consola nos momentos de dor. Mas qual o segredo de Jesus?

Olhando do ponto de vista humano, talvez isso seja *empatia*. Porque, só quando sentimos com o outro e nos colocamos no lugar dele, é que o ajudamos verdadeiramente. O nosso interlocutor *sente*, percebe, dentro de si mesmo, se a pessoa, com quem está compartilhando a vida, o está escutando em profundidade. Ele percebe quando é ouvido com o coração, sem julgamento nem preconceito. Ouvir profundamente ou com o coração é atitude de respeito para com o outro e o primeiro mandamento da comunicação. Para ouvir com o coração, é preciso acolher. Ouvir e acolher são atitudes constantes em Jesus, as quais estabelecem a *empatia* e libertam em profundidade.

A experiência da comunicação profunda, de coração a coração, onde o outro pode ser ele mesmo, sem máscaras, é uma experiência libertadora. Esta experiência tira a pessoa de si mesma e a lança para novos horizontes, para a transcendência de si mesma, fruto da comunicação profunda que a integra na totalidade do seu ser. Esta foi a experiência de amizade de Marta, Maria e Lázaro. Não foi só restaurada a vida física, mas a vida, integração do ser, voltou para essa casa!

Outro exemplo é o da cura do cego de nascença, caracterizado como o sexto sinal (Jo 9,1-41). Até os discípulos de Jesus pensavam que essa cegueira era devida a pecados cometidos pelos pais do cego, trazendo à tona a ideia de castigo. Jesus conversa com os discípulos e explica a eles que ninguém pecou, mas isso aconteceu para que se tornassem manifestas as obras de Deus, o Pai. E Jesus lembra-lhes que ele é o comunicador do Pai, servindo-se de símbolos como dia, noite, luz: "É preciso que eu trabalhe nas obras daquele que me enviou enquanto é dia. Vem a noite, quando ninguém pode trabalhar. Enquanto estou no mundo, sou luz do mundo" (Jo 9,4-5).

É de dia e na luz que trabalham os comunicadores do bem. A cegueira é como trevas, como noite escura que impede as pessoas de trabalharem e revelarem o Pai.

A comunicação de Jesus agora passa pelo *tato* e pelo *olfato*. Ele faz uma ação tão trivial que os puritanos jamais atribuiriam ao Filho de Deus: cospe no chão, mistura a saliva à terra, fazendo barro. Esse barro é passado nos olhos do cego com a recomendação: "Vai, lava-te na piscina de Siloé" (Jo 9,7). O cego foi e voltou enxergando.

A experiência de libertação da cegueira é tão grande e profunda que enche o cego de alegria! Ele não sabe quem o curou. Só sabe que enxerga e que quem faz o bem só pode vir de Deus. A experiência de ver desperta, dentro dele, a disposição para crer e acolher a revelação que Jesus vai lhe fazer.

Jesus, por sua vez, não se preocupa em dizer quem ele é. Preocupa-se, sim, em *fazer as obras do Pai,* porque são estas obras que vão manifestá-lo e ele será reconhecido como o "Filho do Homem". A relação pessoal estabelecida entre o cego e Jesus foi depois completada com a revelação da identidade do próprio Jesus: "'Crês no Filho do Homem?" Ele respondeu: 'E quem é, Senhor, para que eu creia nele?' Disse-lhe Jesus: 'Tu o vês. É aquele que fala contigo'" (Jo 9,36-37). Esta revelação de Jesus provocou a resposta da fé: "Creio, Senhor" (Jo 9,38), e o homem se ajoelhou diante dele.

Na experiência profunda, acontece a comunicação da pessoa consigo mesma e com o Deus da Vida, revelado em Jesus. Desta experiência nasce o compromisso de ser também comunicador do Pai. A autenticidade da experiência de Deus se comprova na ação de fazer também as obras que Jesus fez.

Comunicação de Jesus com a mulher

Jesus mantém a mesma atitude de respeito, acolhimento e ternura no seu relacionamento, sempre que sente que alguém precisa se comunicar em profundidade com ele. O texto de Lc 7,36-50 – a pecadora perdoada – é uma ilustração de como Jesus se relacionou com uma mulher conhecida na cidade como pecadora.

Esse fato mostra o cotidiano de uma mulher "pecadora" e os objetos de sedução que utiliza: frasco, perfume, cabelos. Com certeza, ela se vestiu e se maquiou adequadamente para se colocar aos pés do Mestre. O fato mostra também o cotidiano dos homens daquele tempo. Um fariseu que convidou Jesus para uma refeição em sua casa. Jesus nunca teve muita afinidade com os fariseus, conhecidos como legalistas ao extremo. Mostra, ainda, que Jesus não vivia uma vida afastada do comum das pessoas do seu tempo. O relato faz-nos supor que o convite a uma pessoa como Jesus, conhecido como profeta, tinha alguma finalidade. Talvez esclarecer algum ponto da lei. A casa deveria ser acessível, aberta e permitir a frequência de outras pessoas como essa mulher.

Jesus vai à casa do fariseu para uma refeição. "Jesus entrou na casa do fariseu e se recostou à mesa" (Lc 7,36b). *Mesa* é lugar de partilha, conversa, comunicação e comunhão. É ao redor da mesa que fazemos a refeição. Dela participam familiares, amigos e, ao menos, pessoas que tenhamos acolhido. Jesus entrou na *casa*, lugar de aconchego, de segurança, de intimidade. Ele entrou, não ficou do lado de fora, mas *entrou* na vida daquelas pessoas.

Uma mulher "que vivia na cidade, uma pecadora", serve-se de coisas e *gestos* do cotidiano para expressar a Jesus o quanto o ama: perfume, beijos, lágrimas. Ela *toca* Jesus, passa perfume em seus pés, seca-os com seus cabelos. São os mesmos elementos de sedução com os quais expressa, agora, o carinho, a vontade de amar, ser amada e respeitada, dando nova direção à própria vida. Os elementos utilizados pela mulher são sensíveis ao tato e ao olfato.

Essa mulher *não tem nome*. Falta-lhe a identidade pessoal. Ela só é identificada com o que os outros dizem dela. O Evangelho a descreve como "uma mulher que vivia na cidade, uma pecadora". E o fariseu reforça essa visão machista quando diz: "Este, se fosse profeta, saberia quem é e que tipo de mulher está tocando nele: uma pecadora" (Lc 7,39).

A mulher *não fala*. A comunicação dela está nos gestos: ajoelha-se, beija os pés de Jesus, chora, perfuma, seca e acaricia com os cabelos. Ela expressa em gestos o que lhe passa no coração. O que será que ela diria de si mesma? O que ela gostaria de dizer aos que a estão observando e julgando? Mas não é preciso expressar com palavras aquilo que é dito em gestos, pois, falam mais que mil palavras! Jesus entendeu tudo, entendeu o que se passava naquele coração. Pelo desenrolar dos fatos, observa-se que Jesus se colocou no lugar da mulher e sentiu a humilhação a que estava submetida.

E Jesus como trata a mulher?

Acolhe-a em toda a sua expressão de amor, de vontade de ter vida plena. Ele expressa com palavras o respeito que tem por ela, dizendo a Simão: "Vês esta mulher?". E reforça a Simão e aos presentes, que a tinham julgado mal, todos os sinais e gestos expressos por ela, que fazem parte da acolhida, repetindo-os um a um:

> Eu entrei em tua casa e não me ofereceste água para os pés; ela, no entanto, banhou meus pés com suas lágrimas e os secou com os cabelos. Tu não me beijaste; ela, no entanto, desde que entrei não deixou de beijar meus pés. Tu não derramaste óleo em minha cabeça; ela, no entanto, derramou perfume em meus pés. Por isso, eu te digo: seus muitos pecados lhe foram perdoados, como se deduz pelo muito amor que demonstrou (Lc 7,44-47).

Jesus redime a mulher não só na consciência dela, mas *diante* dos olhares dos que a conheciam e a julgavam.

A *paz* é sinal da comunicação profunda de Jesus com a mulher. Ocorre aquela empatia que refaz a pessoa por dentro, fazendo com que se sinta livre e em condições de recomeçar, não no mesmo lugar em que se encontrava, mas um passo adiante, assumindo o próprio crescimento.

Consequências para quem segue Jesus comunicador

A comunicação de Jesus interpela a nossa comunicação de pessoas chamadas para o relacionamento de uns para com os outros e nos faz manifestar o *amor* e o *rosto* do Pai, que nos ama.

Isso só acontece com quem é capaz de uma comunicação verdadeira, quem é *gente,* quem é humano, quem acolhe as pessoas no cotidiano. A *empatia* é uma atitude fundamental de quem é gente, de quem quer manifestar Deus, antes de tudo, sendo humano. Quem é profundamente humano, é seguidor de Jesus. Por isso, importa não ter medo de "sujar as mãos" com o barro da nossa fragilidade ou dos outros, de ser mal interpretado por conta de gestos humanos que ajudem o semelhante a ser ele mesmo e a encontrar-se.

A comunicação requer uma *autocrítica* constante das posturas adotadas, seja pela educação, seja pelos encargos sociais e religiosos. Toda prepotência, bem como toda dissimulação, falta de transparência nos relacionamentos, afasta as pessoas e impede que estabeleçamos com elas vínculos de comunicação. A autocrítica faz com que sejamos pessoas mais verdadeiras, que desçamos do pedestal do saber, do poder, para situar-nos na realidade do outro.

Para ser autêntica, a evangelização precisa partir do humano. Requer uma atitude humana. Muitas vezes nossas atitudes desumanas podem anular anos de trabalho ou iniciativas preciosas, caindo no descrédito. Daí a importância do cultivo de si mesmo como pessoa, da experiência e contemplação contínuas das atitudes de Jesus de Nazaré para que, aos poucos, nos tornemos como ele e para que a vida se torne caminho, pelo testemunho, para que as pessoas creiam. A comunicação de Jesus ajuda-nos a rever nossa própria comunicação para que a nossa *vida* se torne *verdade* pelo *testemunho,* que é um caminho a seguir. Só assim nos poderemos tornar, como Jesus, caminho, verdade e vida para as pessoas.

As relações de proximidade de Jesus com as pessoas iluminam as nossas. Ele se deixou *tocar*, sobretudo, pelos mais pobres e indefesos da sociedade. É o que o Papa Francisco mostra em suas palavras e atitudes, para a Igreja e a sociedade de hoje. E nós, sabemos *olhar, escutar, tocar* e deixar-nos *tocar* pelos outros?

As obras de Jesus é que testemunham e comunicam o Pai. Elas revelam quem ele é. Quem vê Jesus, vê o Pai. Quem vê as nossas obras, será que também vê o Pai?

E o Verbo se fez Palavra, se fez imagem, se faz dígito em Jesus Cristo, comunicador do Pai. E a Palavra se tornou som na palavra do próprio Jesus: som para ser ouvido, imagem para ser vista, acolhida, saboreada pelos seus seguidores.

A Palavra se tornou corpo, no corpo de uma mulher, Maria. E o corpo foi ponte, sinal visível do Deus invisível, para que o Pai fosse conhecido e amado. Pelo corpo, a Palavra pode ser ouvida, vista, tocada, apalpada com as próprias mãos, porque essa Palavra é o Verbo da Vida e dele é que damos testemunho, não porque nos falaram dela, mas porque nós mesmos fizemos *experiência.*

Falamos a vocês e a todos que nos escutam tudo isso, para que estejam em comunicação conosco. A nossa comunicação é com o Pai e com o seu Filho, Jesus Cristo. E estas coisas vos escrevemos para que a nossa alegria seja completa (cf. 1Jo 1–4).[1]

---

[1] Ver também *Revista Convergência*, Ano XXVII, n. 258, p. 607-614, dez. 1992.

Maria, comunicadora de Jesus

A presença de Maria de Nazaré, Mãe de Jesus, é parte integrante da espiritualidade cristã. Ela é o verdadeiro "dom de Deus", conforme o significado do seu próprio nome, Maria. Sua história é conhecida, vivenciada e reverenciada na piedade cristã com muitos títulos e invocações. Mais do que enfatizar títulos e devoções, queremos, neste texto, olhar para Maria, a partir do Evangelho e das orientações da Igreja, como a mulher que o Pai escolheu para fazer parte do plano da salvação, como Mãe do Filho e sua seguidora. Olhando para a missão e as atitudes de Maria, encontramos nela aquela que encarnou o Verbo e se torna sua comunicadora, porque ele é centro de sua vida e missão.

É o Concílio Vaticano II que aprofunda a doutrina mariana, adotando o critério bíblico para a fidelidade às Sagradas Escrituras sobre a Virgem Maria, no capítulo VIII da Constituição dogmática *Lumen Gentium* (luz das gentes). O Documento de Aparecida coloca Maria como discípula e missionária, "continuadora da missão do seu Filho e formadora de missionários" (DAp, n. 269). "Interlocutora do Pai em seu projeto de enviar o Verbo ao mundo para a salvação humana, como sua fé, Maria chega a ser o primeiro membro da comunidade dos crentes em

Cristo, e também se faz colaboradora no renascimento espiritual dos discípulos" (DAp, n. 266).

Maria, Mãe e estrela da nova evangelização

Na encíclica *Lumen Fidei*, sobre a fé, o Papa Francisco conclui a carta afirmando que "em Maria, Filha de Sião, tem cumprimento a longa história de fé do Antigo Testamento [...]" e, quando chegou a plenitude dos tempos, "a Palavra de Deus dirigiu-se a Maria, e ela acolheu-a com todo o seu ser, no seu coração, para que nela tomasse carne e nascesse como luz para os homens". Na verdade, diz o papa, "na Mãe de Jesus, a fé mostrou-se cheia de fruto". E acrescenta: "na sua vida, Maria realizou a peregrinação da fé, seguindo o seu Filho" (LF, n. 58).

Como peregrina da fé, Maria nos assegura que o amor de Deus e a concretude do seu cuidado para com cada pessoa, manifestado em querer salvar a humanidade e toda a criação, têm o seu ápice "na encarnação, morte e ressurreição de Jesus Cristo". Se essa realidade fica sem essa iluminação, começa a faltar "o critério para individuar o que torna preciosa e única a vida do homem". E este, então, fica confuso e sem referência do seu lugar no universo, "renunciando à própria responsabilidade moral, ou então, pretende ser árbitro absoluto, arrogando-se um poder de manipulação sem limites" (LF, n. 54).

Desde o primeiro instante do consentimento que deu ao anúncio angélico, Maria definiu-se como a serva do Senhor tanto na sua resposta ao anjo quanto no cântico evangélico do *Magnificat*. Maria respondeu à vocação proposta por Deus e, com liberdade consciente, "acolheu no coração e no corpo o Verbo de Deus". Como serva do Senhor, Maria viveu a sua missão de

Mãe do Salvador e de sócia do Redentor. Caminhou e progrediu na obscuridade da fé, "no calor do amor, na espera e no conforto da esperança, assumindo sempre nos acontecimentos da sua vida e da obra da salvação uma atitude de obediência à vontade de Deus".[1]

Mas é, sobretudo, na Exortação apostólica *Evangelii Gaudium*, sobre o anúncio do Evangelho no mundo atual, que Francisco se refere a Maria como Mãe da nova evangelização. Isto porque

> Juntamente com o Espírito Santo, sempre está Maria no meio do povo. Ela reunia os discípulos para o invocarem (At 1,14), e assim tornou possível a explosão missionária que se deu no Pentecostes. Ela é a Mãe da Igreja evangelizadora e, sem ela, não podemos compreender cabalmente o espírito da nova evangelização (EG, n. 284).

A nova evangelização, explicitada na *Evangelii Gaudium* e que exige de todo cristão atitudes de fé, conversão, coragem para comunicar a boa-nova do Evangelho em um mundo fortemente em transformação, precisa ser sustentada com uma experiência pessoal que ultrapasse o ter conhecido Jesus e que, sim, viva sua mensagem de maneira sempre renovada, "pois não se pode perseverar numa evangelização cheia de ardor, se não se está convencido, por experiência própria" [...], uma vez que escutar ou não a sua Palavra faz diferença e que "não é a mesma coisa poder contemplá-lo, adorá-lo, descansar nele ou não o poder fazer". E, ainda: "Não é a mesma coisa procurar construir o mundo com o seu Evangelho, em vez de fazê-lo unicamente com a própria razão" (EG, n. 266)

---

[1] MEO. Verbete: "Concílio Vaticano II", p. 303.

Com a evangelização acontece um parto sempre renovado, pois a Igreja gera novos filhos. É um processo que visa transformar as pessoas "a partir de dentro", "renovar a própria humanidade", como afirma a *Evangelii Nuntiandi* (n. 18), e a *Lumen Gentium* nos recorda que Maria, "Mãe de Deus, é o tipo e a figura da Igreja, na ordem da fé, da caridade e da perfeita união com Cristo" (LG, n. 63). Maria é, então, educadora da fé e "pedagoga do Evangelho".[2] O Papa Francisco, servindo-se das palavras do beato Isaac da Estrela, confirma tal verdade: "No tabernáculo do ventre de Maria, Cristo habitou durante nove meses; no tabernáculo da fé da Igreja, permanecerá até ao fim do mundo..." (EG, n. 285).

Como "Mãe da Evangelização", Francisco afirma que Maria, "como Mãe de todos, é sinal de esperança para os povos que sofrem as dores do parto até que germine a justiça". E, ainda, ela "é aquela que sabe transformar um curral de animais na casa de Jesus, com uns pobres paninhos e uma montanha de ternura" (EG, n. 286). Acrescenta que "ela é a mulher de fé, que vive e caminha na fé [...] deixou-se conduzir pelo Espírito, através dum itinerário de fé, rumo a uma destinação feita de serviço e de fecundidade" (EG, n. 287).

Maria "é a missionária que se aproxima de nós, para nos acompanhar ao longo da vida, abrindo os corações à fé com o seu afeto materno" (EG, n. 286), por isso, Francisco volta-se "à mãe do Evangelho vivente" (EG, n. 287) pedindo sua intercessão para que a nova etapa da evangelização seja uma peregrinação da fé, a seu exemplo, porque Maria "é a mulher de fé" (EG, n. 287). Já o Documento de Aparecida (2007) foca Maria como discípula e missionária, como "mulher livre e forte" que "emerge do Evangelho conscientemente orientada para o verdadeiro

---

[2] Documento de Puebla, n. 290.

seguimento de Cristo". Sem dúvida, Maria é a primeira e mais perfeita discípula de Cristo. Toda uma peregrinação da fé "como mãe de Cristo e depois dos discípulos" (DAp, n. 266). Portanto, Maria é a grande missionária que continua a missão de seu Filho e forma os novos missionários (DAp, n. 269). Com razão, desde Paulo VI, encontra-se a referência a Maria como "estrela da evangelização" e, com Francisco, como "a estrela da *nova*[3] evangelização" (EG, n. 287). De fato, ela brilha diante de nossos olhos como discípula fiel do seguimento do seu Filho, e é a grande inspiradora a apontar novos caminhos para a evangelização hodierna, onde todos somos chamados a uma nova "saída" missionária e a "ter a coragem de alcançar todas as periferias que precisam da luz do Evangelho" (EG, n. 20).

Uma nova evangelização se faz necessária para iluminar os novos tipos de relações hoje, com Deus, com os outros, com o ambiente, e para que "suscite os valores fundamentais. É necessário chegar aonde são concebidas as novas histórias e paradigmas, alcançar com a Palavra de Jesus os núcleos mais profundos da alma das cidades" (EG, n. 74), onde emerge a formação de novas culturas e o cristão já não é uma presença tão forte como "gerador de sentido", mas se defronta com novas linguagens, símbolos, paradigmas que oferecem novos modelos e estilos de vida, tantas vezes em contraste com a mensagem evangélica (EG, n. 73). Emerge, então, a exigência para uma conversão pastoral, onde as estruturas "todas elas se tornem mais missionárias, que a pastoral ordinária em todas as suas instâncias seja mais comunicativa e aberta, que coloque os agentes pastorais em atitude constante de 'saída'" (EG, n. 27)

---

[3] O grifo é nosso.

Maria, a "estrela da nova evangelização" é discípula e missionária também no seu gesto de "saída" para encontrar Isabel (Lc 1,39). É no acolhimento e na escuta do Espírito que ela se torna a grande inspiradora para que os missionários tenham a coragem e a ousadia de buscar novos caminhos para que o Evangelho chegue até os confins da terra. Nos gestos, atitudes nascidas do Espírito, na escuta da Palavra, que a fecunda e a envia, Maria nos provoca a viver o seguimento do seu Filho, como Igreja "em saída". Essa é a hora de um discipulado evangelizador plasmado, pelo Espírito, na geração de caminhos novos para que Cristo seja anunciado como aquele que veio para trazer a vida "e a vida em abundância" (Jo 10,10).

Maria, discípula missionária, editora de Deus

Maria, discípula missionária, é comunicadora de Jesus. O relato da visita de Maria a Isabel visibiliza a comunicação das duas mães: "Quando Isabel ouviu a saudação de Maria, a criança pulou em seu ventre. Isabel ficou plena do Espírito Santo e exclamou com voz forte: "Bendita és tu entre as mulheres e bendito é o fruto do teu ventre" (Lc 1,41-42).

Em sua mensagem para o 49º Dia Mundial das Comunicações Sociais, celebrado em 17 de maio de 2015, o Papa Francisco evocou o ícone de Maria e Isabel para falar da comunicação que é vivenciada e percebida no corpo:

> Este episódio mostra-nos, antes de mais nada, a comunicação como *um diálogo que tece com a linguagem do corpo*. Com efeito, a primeira resposta à saudação de Maria é dada pelo menino, que salta de alegria no ventre de Isabel. Exultar pela alegria do encontro é, em certo sentido, o arquétipo e o símbolo de qualquer outra

comunicação, que aprendemos ainda antes de chegar ao mundo. O ventre que nos abriga é a primeira "escola" de comunicação, feita de escuta e contato corporal, onde começamos a familiarizar-nos com o mundo exterior num ambiente protegido e ao som tranquilizador do pulsar do coração da mãe. Este encontro entre dois seres simultaneamente tão íntimos e ainda tão alheios um ao outro, um encontro cheio de promessas, é a nossa primeira experiência de comunicação. E é uma experiência que nos irmana a todos, pois cada um de nós nasceu de uma mãe.[4]

No relato bíblico da visita de Maria a Isabel, a comunicação se faz dom e serviço. Maria vai apressadamente prestar seu serviço caridoso e solidário à prima, idosa e grávida, que estava para dar à luz João Batista, o precursor do Messias. A comunicação de Maria se dá pela presença atenta e solícita que fala por si mesma: ir ao encontro de quem precisa de ajuda, sem ter que ser solicitado. Maria escuta sua voz interior, manifestada pelo Anjo na anunciação: "Também tua parenta Isabel concebeu um filho na velhice, e está no sexto mês aquela que chamavam de estéril. Porque nada será impossível a Deus" (Lc 1,36-37).

Essa atitude de Maria, atenta às necessidades do outro, observa-se também no relato do casamento em Caná da Galileia (cf. Jo 2,1-12), que o Papa São João Paulo II comenta em sua carta encíclica *Redemptoris Mater* (A Mãe do Redentor).

Maria está presente, está atenta, compartilha e torna-se mediadora em uma situação crítica. Maria escuta e sua escuta se traduz em perceber o que é necessário, num exato momento, numa situação difícil, de mal-estar. Maria é a Mãe! Ao faltar

---

[4] PAPA FRANCISCO. 49º Dia Mundial das Comunicações, 2015. <https://w2.vatican.va/content/francesco/pt/messages/communications/documents/papa-francesco_20150123_messaggio-comunicazioni-sociali.html>. Acesso em: 4 jan. 2018.

o vinho, ela disse a Jesus: "eles não têm vinho". Maria torna-se imploração! Depois diz aos servidores: "fazei o que ele vos disser". Ela indica o caminho certo da salvação!⁵

Maria, Mãe da Igreja, discípula missionária, escolhida para o projeto divino da salvação, com sua atitude sempre pronta e solícita em acolher o projeto do Pai, realiza-o na doação de si, não só gerando o Filho de Deus, mas praticando a Palavra como discípula missionária comunicadora do Filho. Suas atitudes estão sempre mostrando que ele, Jesus, é o centro e a razão do seu viver e ele é que precisa ser anunciado, comunicado.

Trazendo a presença de Maria para uma linguagem da comunicação, o Bem-aventurado Padre Tiago Alberione,⁶ fundador de uma organização apostólica para tempos novos, perscruta atentamente o sentido de "apostolado", evangelização. Segundo João Roatta, no empenho de introduzir novas formas e novas obras, depois de tomar do apóstolo Paulo o desígnio de "gerar" e "formar" Cristo nos seres humanos, descobre em Maria a sua realização original e perfeita. "Se o apostolado significa, em sentido integral, gerar Cristo e fazê-lo crescer nos irmãos, então Maria é a própria expressão do apostolado, pois ela 'gerou' – *Edit* – Cristo para o mundo."⁷ E exemplifica:

---

⁵ JOÃO PAULO II. *Redemptoris Mater*, n. 21.
⁶ Tiago Alberione (1884-1971), chamado profeta da comunicação pela intuição profética de colocar os meios de comunicação a serviço do Evangelho. Fundador da Família Paulina, composta dos Padres e Irmãos Paulinos e das Irmãs Paulinas, congregações cujo carisma é o anúncio de Jesus Cristo. Alberione preocupou-se em fundamentar a missão com uma espiritualidade integral, adequada aos novos tempos, tendo como fundamento Jesus Cristo Mestre, Caminho, Verdade e Vida; Maria, Rainha dos Apóstolos, e São Paulo, Apóstolo, atribuem a essa espiritualidade um significado próprio adequado à comunicação.
⁷ ROATTA. *Mensagem mariana no pensamento de Alberione*, p. 77.

Os editores possuem a palavra, multiplicam-na, difundem-na revestida de papel, letras, tinta. Eles têm, no plano humano, a missão que teve Maria no plano divino: foi a Mãe do Verbo Divino; ela recebeu o Deus invisível e o tornou visível e acessível aos homens, apresentando-o na carne humana.[8]

A partir dessa intuição, Alberione vivencia e aplica suas reflexões ao apostolado das comunicações, como um estilo mariano de doar Jesus. Gerar como Maria torna-se uma mística apostólica. Ele aplica o conceito de gerar Jesus com o de *editar,* na linguagem da comunicação, e o apostolado das edições assume todo o seu valor em sentido amplo:

> Com a palavra "edição" não entendemos apenas um livro; entendemos outras coisas. Essa palavra tem muitas conotações: edição do periódico, edição de quem prepara o *script* para o filme, de quem prepara o programa de televisão, de quem prepara as mensagens a serem comunicadas pelo rádio. *"Edit nobis Salvatorem"*, diz a liturgia [A Virgem nos deu o Salvador]. Usa o verbo *'edidit'* (Pr 1954, 137).[9]

Observa-se uma originalidade no atribuir significado à missão de evangelizar com a comunicação e na espiritualidade que as pessoas que a exercem precisam cultivar. Em sua pesquisa, Roatta demonstra que Maria, com Cristo e Paulo, "teve parte decisiva no difícil equilíbrio vital de Alberione, que soube cultivar os dois aspectos indispensáveis da vida apostólica, a espiritualidade e a ação". Por isso, "soube ser iniciador de uma

---

[8] ALBERIONE. *Pensamentos*, p. 45.
[9] Catequese Paulina, p. 171.

espiritualidade apostólica moderna e o pioneiro de uma ação intensa que assumiu deliberadamente as leis do trabalho, da administração e da organização de maneira humana".[10]

Mas o profeta da comunicação não deixou que a ação sufocasse a espiritualidade. Da oração emergiam novos compromissos de ação, e os novos empreendimentos exigiam recurso mais intenso à oração. Ele jamais separou a ação da contemplação. Alberione "jamais perdeu o fio de seu diálogo com Deus nem com os homens", conclui Roatta.

Dar Jesus ao mundo, uma missão para o nosso tempo

Na iconografia cristã, Maria é representada de tantas formas: em oração; de mãos abertas; com o Menino Jesus, o Filho, carinhosamente ao colo, entre outras. Mas o que marca a representação de Maria como apóstola e comunicadora de Jesus é a atitude de estar sempre apresentando, mostrando o Filho, como em Belém, Nazaré, no Templo, nas bodas de Caná, no calvário.

A concepção de Maria com o título de Rainha dos Apóstolos, idealizada pelo bem-Aventurado Tiago Alberione, e confiada ao pintor Gian Battista Conti, coloca ela como modelo e inspiradora para as pessoas que têm a missão de anunciar o Evangelho com os meios de comunicação. Apresentando a imagem de Maria, Rainha dos Apóstolos, Alberione entende oferecer, em Maria, a síntese do apostolado cristão: "apresentar Jesus, oferecer Jesus a todos".

---

[10] ROATTA, op. cit. p. 18.

Maria *deu* Jesus Cristo *à terra*. Nela Deus glorificou a si mesmo, tornando-se também homem e Salvador dos homens, fazendo-se, pelo *sim de Maria*, Jesus, Salvador dos homens. Ela *oferece* o seu fruto bendito, Jesus, apresenta-o, como que segurando, com amor suavíssimo, uma hóstia viva, santa, agradável a Deus.

Maria *deu-o ao Pai*, que por Jesus recebe uma glória nova, infinita. Mostrou Jesus aos *pastores*, os primeiros chamados ao berço do Salvador, representando o povo humilde, herdeiro das promessas divinas, que acolhe o Reino de Deus com a simplicidade de uma criança.

Maria *mostrou* Jesus a São José, seu esposo fiel e pai legal do Menino. *Mostrou-o* a São João Batista, que, como elo de ouro, encerraria a época antiga e inauguraria os tempos novos. Eles representavam os dois tipos de santidade, todas as virtudes e elevações dos dois Testamentos, encerrando em si mesmos toda a graça.

Maria *mostrou* Jesus aos gentios, na época considerados pagãos, representados pelos Magos, vindos ao presépio de Belém, primícias das nações que haveriam de constituir um dia a parte preponderante da Igreja Católica.

No gesto de *dar Jesus*, Maria apresentou-o no Templo, oferecendo o menino, vítima digna e sacerdote eterno segundo sua vocação: "porque meus olhos viram a tua salvação que preparaste perante todos os povos, luz para revelação das nações" (Lc 2,30-32).

Mostrou Jesus aos egípcios, que o levou exilado, cumprindo altíssimos desígnios e realizando antigas profecias. Mostrou-o em Nazaré, onde cresceu em sabedoria, idade e graça, exemplo perfeito de vida oculta e de virtude, para todos os seres humanos e para todos os séculos. Em Nazaré ele começou a agir (At 1,1) e tornou-se o modelo divino de toda virtude individual, doméstica, social, religiosa e civil.

Maria *levou Jesus ao Templo* e, levando a efeito os desígnios divinos, apresentou-o aos doutores como sabedoria do Pai, empenhado em ouvi-los e interrogá-los. E todos os que o ouviam extasiavam-se diante de sua inteligência e das suas respostas (cf. Lc 2,46-47).

Maria *mostrou Jesus aos apóstolos*, nas bodas de Caná, onde, pela sua intercessão, fez soar a hora de sua manifestação, e Jesus operou o milagre da conversão da água em vinho (cf. Jo 2,11). Esse início dos sinais, Jesus o fez em Caná da Galileia, manifestando a sua glória, e, assim, os discípulos creram nele. E por eles a fé foi transmitida ao mundo.

Maria *mostrou Jesus crucificado*, salvação do mundo, no calvário, onde o inferno tremeu porque derrotado. Exultaram os justos dos tempos antigos, aos quais se abriram as portas do céu. Abraçaram-se a justiça e a paz. Os tempos receberam o sigilo da caridade que se imola pelo amado, sob os auspícios de Jesus Cristo.

Maria *mostrou Jesus ao Pai*, restituindo-o ao céu, no dia da Ascensão. Jesus que sobe ao céu, o corpo com propriedades gloriosas, as chagas resplandecentes, o lado aberto para liberar dois raios de amor a Deus e às pessoas. A descrição de Jesus no momento da Ascensão reveste-se de luz, sol de glória do paraíso, força onipotente para atrair tudo a si, cabeça na qual se incorporariam as almas. *Pela sua oração, Maria deu o Espírito de Jesus Cristo aos apóstolos e à Igreja nascente.*

No pensamento de Alberione, Maria apresenta Jesus a todas as pessoas, de todas as épocas, em todas as gerações. Ela também mostrará Jesus quando chegarmos ao paraíso. Naquele dia, nos prostraremos perante ele e ela para beijarmos aquelas mãos das quais tantas graças fluíram para nós!

É do Bem-aventurado Tiago Alberione este pensamento: "Maria dá sempre Jesus, como um ramo que sempre o sustenta e o oferece aos homens: passível, glorioso, eucarístico, caminho, verdade e vida para os homens".[11]

Maria, discípula missionária, é comunicadora de Jesus porque o gerou em seu ventre, como editora de Deus, e foi sua

---

[11] ESPOSITO. *Carissimi in San Paolo*, p. 37-38.

seguidora. Como mulher que soube ouvir e praticar a Palavra do Filho, encarnou a Palavra em gestos concretos e ações conforme aqui apresentado. Mãe da Igreja, interlocutora de Deus, seguidora do Verbo, ela é o ponto de equilíbrio entre ação e contemplação, tão necessárias aos discípulos missionários de Jesus Cristo no campo da comunicação.

A mística de Paulo comunicador

"Paulo de Tarso. Ele brilha como estrela de primeira grandeza na história da Igreja, e não só da primitiva." É a encantadora expressão do Papa Bento XVI referindo-se ao apóstolo Paulo, numa das audiências gerais, em 2006.[1] Assim, também por ocasião da abertura do ano Paulino, o pontífice incentivou os cristãos não simplesmente a se perguntarem "quem era Paulo", mas "quem é Paulo? (...) Paulo não é para nós uma figura do passado, que recordamos com veneração. Ele é também o nosso mestre, apóstolo e propagador de Jesus Cristo".[2]

E na perspectiva de contemplar "quem é Paulo", a proposta é buscar os traços fundamentais do apóstolo que inspiram um evangelizador a viver a espiritualidade do comunicador. Não se pretende visitar conceitos teológicos (a teologia paulina) ou a análise das cartas do apóstolo. Contempla-se Paulo a partir

---

[1] BENTO XVI. Audiência geral, 25 de outubro, 2006. Roma. <http://w2.vatican.va/content/benedict-xvi/pt/audiences/2006/documents/hf_ben-xvi_aud_20061025.html>. Acesso em: 2 jan. 2018.

[2] BENTO XVI. Homilia por ocasião da abertura do Ano Paulino, Roma, 28 de junho 2008. <http://w2.vatican.va/content/benedict-xvi/pt/homilies/2008/documents/hf_ben-xvi_hom_20080628_vespri.html>. Acesso em: 2 jan. 2018.

de sua interioridade, aquilo que o impulsiona para a missão de evangelizar a ponto de dizer: "O amor de Cristo nos impulsiona" (2Cor 5,14) e "Ai de mim se eu não evangelizar" (1Cor 9,16). E é justamente na Carta aos Gálatas que Paulo abre o seu coração, como que numa profissão de fé, revelando qual é a razão, o estímulo mais íntimo de sua vida. Ele diz: "Vivo na fé do Filho de Deus, que me amou e se entregou a si mesmo por mim" (Gl 2,20). Dá para compreender, então, que tudo o que Paulo evangeliza parte desse centro.

A realidade do que se passa no interior da vida de Paulo faz levar em consideração o que autores vêm explicitando sobre mística, que surgiu no imaginário de muitas pessoas como uma experiência extraordinária, reservada apenas a algumas pessoas escolhidas e com dons especiais. O certo é que, segundo Marco Vanini, essa palavra "provoca um certo medo e suscita também alguma suspeita, na medida em que é entendida como algo de excepcional".[3] Por conta dessa ideia de extraordinariedade, a mística foi colocada em um lugar marginal, fora do terreno comum e normal da vida humana.[4] Porém, muito longe dessa simples definição, a palavra mística nos lança para outra direção, àquela da profundidade, da relação, da experiência visceral com Deus, que pode acontecer tanto no silêncio de um claustro como nas ruas do mundo.

No prefácio do livro *Introdução à mística*,[5] Vanini define de forma precisa e com poucas palavras o que é mística: "Mística, de fato, é a vida do espírito, sobre o qual se pode tentar uma

---

[3] VANNINI. *Introdução à mística*. São Paulo: Loyola, 2005, p. 11.
[4] Cf. ibid., p. 12.
[5] VANNINI, op. cit., p. 7.

fenomenologia, mas com certeza não uma sistemática".[6] Muito se pode falar ou escrever sobre a mística, mas ela é sobretudo uma experiência subjetiva que não pode de qualquer forma ser instrumentalizada nem pelas ciências, especialmente a psicologia, nem pelas religiões.

Sabe-se que a mística não é exclusividade do cristianismo, pois a experiência mística antecede em muito o cristianismo e faz parte da vida do ser humano desde os tempos mais remotos. Contudo, o filósofo Henrique Cláudio de Lima Vaz, em seu artigo "Mística e política: a experiência mística na tradição ocidental", apresenta alguns elementos pertinentes da mística especialmente na tradição ocidental.[7] Ao se referir a Jaques Maritain (†1973), Lima Vaz apresenta uma definição para a experiência mística dizendo que ela consiste basicamente numa "(...) experiência fruitiva do absoluto",[8] isto é, uma experiência de conhecimento, posse e adesão do absoluto.

Ainda segundo Lima Vaz, existem três grandes formas de experiência mística na tradição ocidental: a mística especulativa, a mística mistérica e a mística profética. Em relação ao cristianismo, Lima Vaz diz que a mística mistérica "(...) não é mais do que a experiência da vida em nós desse *mystérion* na intensidade de uma sinergia entre o Espírito de Deus e o nosso espírito, que leva Paulo a exclamar: 'Não vivo eu, vive em mim Cristo' (Gl 4,20)".[9] Em

---

[6] Cf. ibid.
[7] Cf. LIMA VAZ. Mística e política: a experiência mística na tradição ocidental. In: BINGEMER, Maria Clara L.; BARTHOLO JR., Roberto dos Santos (org.). *Mística e política*. São Paulo: Loyola, 1994, p. 11.
[8] Ibid., p. 12.
[9] Ibid., p. 40.

síntese, pode-se dizer que a mística "mistérica" é aquela mística da vida, onde se assimila e se diviniza o mistério.[10]

Paulo: homem marcado pela luz de Damasco

Embora muitos discutam se o que aconteceu com Paulo foi uma conversão,[11] o fato é que houve um *antes* e um *depois* da grande luz que o envolveu no caminho de Damasco. Paulo era um hebreu convicto, que perseguia os cristãos porque os considerava hereges, seguidores de uma seita contrária à verdadeira fé, que ameaçava a autoridade religiosa do judaísmo. Paulo era, então, um perseguidor. Ele obtinha cartas das autoridades religiosas para perseguir os cristãos e, em nome de sua fé, do seu zelo pela Lei, queria eliminar quem seguia outra doutrina, ou seja, quem não tinha a mesma visão de Deus, das pessoas, das coisas e do mundo. Era necessário conhecer a fundo a Lei e praticá-la. E Paulo era zeloso no conhecimento e na prática da Lei.

Mas, em suas viagens, a que ficou famosa e marcou para sempre a vida de Paulo foi a feita pela estrada de Damasco. Os Atos dos Apóstolos (9,3-9; 22,1-16) descrevem o acontecimento:

> (...) na estrada de Damasco, quando Saulo já estava perto daquela cidade, de repente, uma luz que vinha do céu brilhou em volta dele. Ele caiu no chão e ouviu uma voz que dizia:

---

[10] A explicitação das três formas de experiência mística e o seu aprofundamento podem ser encontrados no artigo, já citado, de Henrique Cláudio de Lima Vaz, "Mística e política: a experiência mística na tradição ocidental".

[11] Alguns autores preferem dizer "uma maturação a partir do judaísmo".

– Saulo, Saulo, por que você me persegue?
– Quem é o Senhor? – perguntou ele.
A voz respondeu:
– Eu sou Jesus, aquele que você persegue. Mas levante-se, entre na cidade, e ali dirão a você o que deve fazer.

Os homens que estavam viajando com Saulo ficaram parados sem poder dizer nada. Eles ouviram a voz, mas não viram ninguém. Saulo se levantou do chão e abriu os olhos, mas não podia ver nada. Então, eles o pegaram pela mão e o levaram para Damasco. Ele ficou três dias sem poder ver e, durante esses dias, não comeu nem bebeu nada.

Esse acontecimento foi o divisor do antes e do depois na vida de Paulo. Para todo israelita, e para Paulo, a Lei era luz, sabedoria, justificação e salvação. Na Nova Aliança estabelecida por Cristo, com a sua morte e ressurreição, é o próprio Deus que infunde uma "lei nova" no coração do homem, dando-lhe o seu Espírito (Jr 31,33; Ez 36,26). Para Paulo, Jesus Cristo veio ocupar o lugar que o Pentateuco (Lei) ocupava na sua mente e coração, como judeu. A Lei nova substituiu a antiga. A vocação de Paulo levou-o a substituir o centro de interesse legalista pelo de Jesus Cristo. Morre, então, o perseguidor e ressuscita um profeta!

O que Paulo faz é encontrar o verdadeiro caminho: encontrar-se com o Senhor.

Pode-se considerar a história de Paulo dividida em duas. Deus, desenvolvendo, imprimindo uma virada na vida de Paulo, dividiu-a em duas histórias. Uma REVIRAVOLTA na vida de Paulo: duas dimensões extremas e opostas. Acontece uma TRANSFORMAÇÃO: trata-se de uma conclusão e de uma reviravolta pessoal e íntima, que tem como ponto alto um novo início na história espiritual e moral da consciência da humanidade. Acontece uma ILUMINAÇÃO, a presença imperiosa de uma evidência de improviso, uma reviravolta do pensamento, uma MUDANÇA DE LÓGICA. Não o abandono de um pensamento racional, mas uma mudança da relação entre a razão e a realidade, entre o corpo e a mente, entre o homem e Deus. Um abandono da Lei como instrumento de poder, para impor-se e impor a sua ordem sobre o mundo, um reconhecimento da origem externa das coisas e de nós mesmos. A conversão, na vida de Paulo, é, então, uma reviravolta completa das perspectivas e do sistema de valores; é uma mudança que faz Paulo passar da Lei à fé, ou seja, de uma preocupação de perfeição pessoal por meio da observância da Lei de Moisés a uma atitude de adesão à pessoa de Cristo.

Na estrada de Damasco, Paulo caiu por terra – a queda!

Ficou cego – a luz que envolveu Paulo, o cegou.

Iniciava-se, assim, um processo de cristificação, que pede de Paulo, ao longo de sua vida, o despojamento total de si, para que Cristo viva nele ("Até que Cristo se forme em vocês" – Gl 4,19). A luz o cegou. A luz o pôs por terra. Da luz veio a voz de Jesus.[12] Houve, sim, uma transformação na vida de Paulo, um redirecionamento, e quem passou a ser o centro de sua vida foi Jesus.

A tal ponto que Paulo mesmo diz: "Mas essas coisas, que eram ganhos para mim [isto é, os privilégios de Israel], considerei-as lixo por causa de Cristo" (Fl 3,7-8). O que Paulo está querendo declarar é que já não quer saber de nada mais do que Cristo, a nada mais quer dar importância a não ser a Cristo, e quer renegar tudo aquilo que pode desacelerar a sua corrida em direção a ele. E Paulo expressa o que mais quer em sua vida e

---

[12] O que aconteceu com Paulo, no caminho de Damasco, pode ser revivido lendo os Atos dos Apóstolos, capítulo 9.

a razão por que considera tudo o que tinha como "perda" para "ganhar" Jesus Cristo. E afirma aos filipenses: "Tudo o que eu quero é conhecer a Cristo e sentir em mim o poder de sua ressurreição" (Fl 3,19).

Em seu processo de intimidade com Jesus Cristo, iniciado com a luz de Damasco, Paulo começa a viver como homem transformado, que se deixa, que "permite" Jesus tomar sua vida a ponto de dizer "já não sou mais eu que vivo, mas é Cristo que vive em mim" (Gl 2,20). Antes de ser uma "ousadia", a afirmação revela uma comunicação profunda com o seu Mestre, uma docilidade sem par ao Espírito Santo, uma entrega total em anunciar aquele que ele ama e que o envia.[13] Paulo começa a viver um abandono absoluto de si a Cristo, por isso tudo perde para poder conhecer Jesus Cristo, como escreve aos filipenses. E sua fé não se reduz à adesão da inteligência a uma verdade, mas à doação do ser integral a uma Pessoa. Paulo entrou numa dinâmica de Comunicador integrado.

Em Paulo, uma relação *interna* e *externa*

Olhando para PAULO, como INSPIRACÃO para a evangelização na cultura da comunicação atual, percebe-se na sua pessoa a revelação de uma identidade sempre mais cristocêntrica. O que ele comunica e como comunica devem ser a extensão de sua vivência mística: viver e comunicar Cristo Jesus.

---

[13] Em todas as cartas de Paulo, pode-se perceber que o conteúdo anunciado, as atitudes de discernimento, a lucidez no distinguir as obras da carne e as obras do Espírito, a clareza e firmeza do anúncio, os sofrimentos pelo anúncio do Evangelho... são todos consequências, prolongamentos de sua comunicação profunda e intensa com o Mestre Jesus.

1. Comunicação – relação interna: parte-se de um ponto essencial na consideração do que é a comunicação, já tantas vezes definida e interpretada nas mais diversas modalidades. E o recorte que se oferece aqui, olhando para PAULO, é a afirmação de que a comunicação não é um fato puramente externo. Mas é uma realidade, antes de tudo, interna. Ou seja, a comunicação é, ANTES DE TUDO, um fato interno, algo que se vive e que, DEPOIS (ou concomitantemente), se exterioriza, se desenvolve, se articula, usando as mais diversas formas... como fato externo.

Abrir novas fronteiras para a evangelização na sociedade atual, a exemplo de Paulo, não pode incorrer em um equívoco de praticar somente um ato externo, um usar os meios de comunicação. Seria um proceder desastroso, frustrador, porque não teria Jesus Cristo como o verdadeiro protagonista da missão; o evangelizador seria como um sino estridente que faz barulho, mas que se esvai com o tempo.

Considera-se, portanto, dois momentos da vida de PAULO que se integram e que dependem um do outro: *uma relação interna e uma relação externa*. (Geralmente, o senso comum, na sociedade, a respeito de comunicador, é a prática de um ato externo: fazer algo, desenvolver algo, usar um meio de comunicação, assim por diante.)

Olhando para a vida de Paulo, entretanto, percebe-se que, a partir da experiência de Damasco, sim, essa experiência que se tornou um *facho de luz*, vê-se que Paulo adquire uma *identidade cristocêntrica*. O encontro com Jesus, na experiência de Damasco, e na sua relacionalidade com o Senhor, nos anos que se seguiram no silêncio, na intimidade, desenvolveram em Paulo a verdadeira comunicação como *expressão interna* e, portanto, tornaram-se o facho de luz a iluminar toda a *comunicação externa* que Paulo desenvolveria na sua missão. Paulo assumiu uma identidade em que Jesus Cristo era o centro de sua vida. É o próprio Paulo quem diz: "Até que Cristo se forme em vós" (Gl 4,19); "Já não sou mais eu quem vive, é Cristo que vive em mim" (Gl 4,20). "Por causa de Jesus Cristo perdi tudo e considero tudo como lixo, a fim de ganhar Cristo e estar com ele" (Fl 3,8), e tantas outras expressões de Paulo ao longo de seus escritos.

Essa identidade cristocêntrica, *que ele assumiu*, o faz viver permanentemente no Espírito que o habita e que abre os olhos do apóstolo. Como seu povo, até então, Paulo só havia conhecido Cristo "segundo a carne"; mas, tornado cristão, conhecia e possuía Cristo segundo o Espírito. E a eficácia do Espírito é criadora e criativa. O Espírito é ao mesmo tempo uma luz intelectual: "estando os olhos da vossa inteligência iluminados..." (Ef 1,18), e um *dom* permanente, radicado na alma uma vez por todas, inerente a ela. Ele permanece sempre o dom de uma pessoa: o Espírito Santo pessoal está na alma para aí fazer sua morada.

Paulo, então, viveu do Espírito, agiu sob a influência do Espírito, tinha a força, a luz que lhe vinha do Espírito. E, sobretudo, Paulo "enxergava" com a luz do Espírito (muitas vezes, pois podemos *ver* as realidades e *não enxergá-las!*). Portanto, é o Espírito agindo na *identidade cristocêntrica* de Paulo que o fazia enxergar, isto é, perceber onde a evangelização precisava ser atuada, ser encarnada. O evangelizador, a exemplo de Paulo, não pode somente ver, é preciso enxergar a realidade, e isto vem do Espírito. Paulo *enxergava* a realidade, a partir da vivência de uma mística profunda, um ato de comunicação interna, que vai extrapolar, vai levá-lo a viver a *mística apostólica* – entendendo que o cumprimento da missão se faz num contato permanente e consciente com Deus. Segue-se, então, o realizar o *ato externo* da comunicação, o *ir* anunciar, o *ir* evangelizar.

2. Comunicação – relação externa: a comunicação, além de ser algo que se vive internamente, é, também, um ato externo, "um fazer algo, no caso, comunicar o Evangelho" – expressar e dar forma a algo que se vive. Porque Paulo vive uma identidade cristocêntrica, ele é impelido a assumir uma identidade missionária, a ponto de afirmar: "Ai de mim se eu não evangelizar" (1Cor 9,16). Isso se torna algo imperioso e o Espírito o leva a fazer-se tudo pelo anúncio de Jesus, pois Paulo mesmo disse: "Tudo faço pelo Evangelho" (1Cor 9,23).

Daí que *abrir fronteiras para o Evangelho* parte, então, de uma experiência profunda com Cristo e, portanto, o comunicador, como Paulo, vai não somente ver a realidade, mas *enxergá-la*. Isto é, não somente sentir a necessidade de levar Cristo, mas de enxergar os modos de percepção da fé que o contexto, a ambiência do momento atual oferece. Sabe-se que a fé não muda, mas a *percepção* da fé sim; a percepção se modifica, varia conforme as sociedades evoluem e os novos sujeitos, as novas relacionalidades surgem, a partir de tantas interferências, como, por exemplo, as novas tecnologias.

Iluminado pela luz interior, Paulo não somente viu, mas enxergou a realidade do seu tempo e, portanto, soube *como* comunicar o Evangelho naquele contexto. Com qual coragem? Qual lucidez? Abertura? Aquela que vinha do Espírito que o habitava e que se tornou, a partir da experiência de Damasco, um facho de luz a enviá-lo, a perceber como abrir novas fronteiras para o Evangelho.

Paulo olhou, contemplou, rezou e ouviu o Espírito para onde ele o enviava. Em seu tempo, dizer que Paulo iniciou as comunidades cristãs, propiciou a expansão do cristianismo, é um fato incontestável, que, sem dúvida, abriu as fronteiras do

Evangelho. E também que, para continuar se comunicando com as diversas comunidades, ele escreveu cartas, isto é, para que a comunicação se realizasse, usou um instrumento de comunicação, a carta. No tempo de Paulo, usar desse tipo de comunicação, ao menos por parte da Igreja, foi, sim, uma novidade. Foi a forma que encontrou de chegar às pessoas da comunidade.

O que *surpreende* fortemente é o fato de Paulo *estar presente* em contextos, digamos assim, "fora da sinagoga". A *percepção de Paulo*, e, por conta disso, foi abrindo novas fronteiras ao Evangelho, estava em IR aos novos centros, em meio àqueles que não tinham ouvido falar de Jesus.[14] Mais ainda, percebeu o quanto o ser humano é religioso no seu íntimo, e com coragem vai lá, no areópago de Atenas, falar daquele Deus de que os gregos tinham medo de não adorar, por não o conhecerem. E Paulo foi e... "fracassou" (aparentemente...).

O aspecto cultural sempre foi uma característica de Paulo. Ele é sensível à realidade cultural do povo do seu tempo: e quem era o homem do seu tempo? Quem eram os judeus? Quem eram os gregos? Enfim, quem eram os gentios? Não cabe aqui a análise e descrição de cada um desses povos. O que é essencial é que Paulo enxergou a realidade, e, principalmente, as suas necessidades, especialmente a dos pagãos, e serviu-se dos meios humanos, das invenções humanas para levar o Evangelho. Paulo *soube enxergar* o que se passava nos *grandes centros* de então (as metrópoles), e é ali que ele vai e enfrenta as situações, a cotidianidade das pessoas, é ali que ele permanece, que funda comunidades, que chama e forma seus colaboradores para levar Jesus, o Ressuscitado, para continuar a missão.

---

[14] Nota-se que Paulo já vivia a "Igreja em saída", sobre a qual o Papa Francisco insiste na *Evangelii Gaudium*, n. 20.

Ele tem uma mensagem central: Jesus Cristo! A exemplo de Jesus, opta por um *processo inculturado e dialógico de comunicação*, possibilitando ao povo que o ouvia, que com ele convivia e que recebia suas cartas, entrar em relação com Deus, voltado para seus irmãos, em permanente espírito de acolhida. Nasce e se prolonga, então, o *diálogo*, elemento imprescindível na comunicação. Um diálogo que coloca os princípios fundamentais do Evangelho nas situações concretas, ou seja, atinge e penetra os problemas específicos e concretos, organiza as atividades apostólicas e infunde coragem à vida das comunidades, hoje, diríamos da vida em sociedade.

O Papa Bento XVI, em uma de suas mensagens para o Dia Mundial das Comunicações, enfatiza que há "dois momentos da comunicação que se devem equilibrar, alternar e integrar entre si para se obter um diálogo autêntico e uma união profunda entre as pessoas".[15] Trata-se do "silêncio" e da "Palavra". O papa referia-se justamente ao fato de que para proclamar a Palavra é necessário a vida interior, o diálogo com Deus. A evangelização, então, será a extensão do que um evangelizador vive na intimidade com Jesus Cristo. E acrescenta o papa: "Temos necessidade daquele silêncio que se torna contemplação, que nos faz entrar no silêncio de Deus e assim chegar ao ponto onde nasce a Palavra, a Palavra redentora".[16]

---

[15] BENTO XVI. Silêncio e Palavra: caminho de evangelização. Mensagem para o 46º Dia Mundial das Comunicações – 2012. <http://w2.vatican.va/content/benedictvi/it/messages/communications/documents/hf_ben-xvi_mes_20120124_46th world communications-day.html>. Acesso em: 3 jan. 2018.

[16] Id. Homilia durante a Concelebração Eucarística com os Membros da Comissão Teológica Internacional, 6 out. 2006. <http://w2.vatican.va/content/benedict-xvi/pt/homilies/2006/documents/hf_ben-xvi_hom_20061006_commissione-teologica.html>. Acesso em: 3 jan. 2018.

A Igreja tem, por conseguinte, em Paulo, um *modelo* de alguém que vive sua identidade cristocênctrica, que ilumina os novos olhares e as novas fronteiras para a evangelização na cultura midiática, hoje. Leva em consideração os desafios inerentes aos períodos histórico-culturais do homem contemporâneo e vai ao seu encontro sem abdicar da própria identidade e com a coragem de alguém que vive sua vocação de comunicador. Indubitavelmente, o maior desafio atual, em que Paulo pode ser "modelo" para o comunicador de hoje, "consiste em perceber com maior clareza e empatia as inquietações e necessidades profundas dos homens e das mulheres de hoje, para que se possa interpretá-las e expressá-las melhor do que outras mensagens midiáticas pouco evangélicas".[17]

Oxalá, Paulo seja o grande inspirador para o evangelizador nas grandes metrópoles de hoje, preparando-se com a devida competência, criatividade, pastoralidade, para realizar o diálogo entre fé e cultura atual, a partir de uma identidade cristocêntrica, que é o "facho de luz" a impulsionar a missão apostólica, segundo o espírito de Jesus, no mundo de hoje. Que Paulo seja o grande modelo e inspirador, no sucesso e na fraqueza! Pois é a força de Deus que age nele. Aqui se encontra a verdadeira legitimação de sua missão: é Deus quem age através de sua fraqueza. E a graça de Deus é que garante a fecundidade da sua missão apostólica.

---

[17] FERNANDEZ, Victor Manuel. *Teologia espiritual encarnada*. São Paulo: Paulus, 2007, p. 194.

Considerações finais

O caminho percorrido neste opúsculo, oferecendo reflexões fundamentais para a vivência da mística ou espiritualidade do comunicador, torna-se fonte de riqueza inestimável para empreender uma vida de interioridade, no seguimento de Jesus comunicador.

É a mística do encontro, aqui descrita abundantemente, que inspira, desperta a sabedoria sobre a ciência do conhecimento, cria novos horizontes e garante uma evangelização transparente, segura, adequada aos tempos de hoje. Tudo nasce de uma espiritualidade cristocêntrica, como foi para Paulo que, por isso, pôde dizer: "Ai de mim se não evangelizar" (1Cor 9,16), "Tudo faço pelo Evangelho" (1Cor 9,23), "Até que Cristo se forme em mim" (Gl 2,20).

É a mística do encontro que, a exemplo de Maria, faz o comunicador sentir-se discípulo e missionário. É a mística do encontro que leva o comunicador a proclamar em tudo Jesus Comunicador, Caminho, Verdade e Vida.

Vivem-se tempos modernos, evolução de conceitos de comunicação, ambientes digitais, nunca antes vividos e experimentados. Vive-se um novo antropológico nas relações e exigências novas no anúncio do Evangelho. Mas o que permanece, desde sempre, é a mística do encontro, a espiritualidade do comunicador, que se deve fazer presente na cultura da comunicação. Esta é a grande diferença. É o espaço aberto para o Espírito Santo ser, realmente, o criador, o inspirador, a força e a coragem necessárias para não trair a qualidade do chamado a evangelizar na cultura contemporânea.

É o caso de refletir na pergunta: Para onde o Espírito nos leva, nos envia, especialmente como leigos e leigas, no mundo da comunicação?

Que o Espírito Santo ajude você a responder a essa pergunta!

Referências

A BÍBLIA. *Novo Testamento*. São Paulo: Paulinas, 2015.
ALBERIONE, Tiago. *História carismática da Família Paulina*. São Paulo: Paulinas, 1975.
_____. *Pensamentos*. São Paulo: Paulinas, 1973.
BENTO XVI. Exortação apostólica *Verbum Domini*. São Paulo: Paulinas, 2010.
_____. Encíclica *Spe Salvi*. São Paulo: Paulinas, 2007.
_____. Silêncio e Palavra: caminho de evangelização. Mensagem para o 46º Dia Mundial das Comunicações – 2012. <http://w2.vatican.va/content/benedictvi/it/messages/communications/documents/hf_ben-xvi_mes_20120124_46th-world-communications-day.html>. Acesso em: 3 jan. 2018.
_____. Homilia durante a Concelebração Eucarística com os Membros da Comissão Teológica Internacional, 6 out. 2006. <http://w2.vatican.va/content/benedict-xvi/pt/homilies/2006/documents/hf_ben-xvi_hom_20061006_commissione-teologica.html>. Acesso em: 3 jan. 2018.
_____. Audiência geral, 25 out. 2006. <http://w2.vatican.va/content/benedict-xvi/pt/audiences/2006/documents/hf_ben-xvi_aud_20061025.html>. Acesso em: 2 jan. 2018.
_____. Homilia por Ocasião da Abertura do Ano Paulino. Roma, 28 jun. 2008. <http://w2.vatican.va/content/benedict-xvi/pt/homilies/2008/documents/hf_ben-xvi_hom_20080628_vespri.html>. Acesso em: 2 jan. 2018.

CELAM. *Documento de Aparecida*. São Paulo: CNBB/Paulus/Paulinas, 2007.

_____. Conclusões da Conferência de Puebla (1979). São Paulo: Paulinas, 1979.

CNBB. *Diretório de comunicação da Igreja no Brasil*. São Paulo: Paulinas, 2014.

_____. *Diretrizes gerais da ação evangelizadora da Igreja no Brasil*. São Paulo: Paulinas, 2011.

_____. *Igreja e comunicação rumo ao novo milênio*. São Paulo: Paulinas, 1997.

ESPOSITO, R. F. (org.). *Carissimi in San Paolo* (CISP). Roma: Edizioni Paoline, 1971.

FERNANDEZ, Victor Manuel. *Teologia espiritual encarnada*. São Paulo: Paulus, 2007.

FRANCISCO. Exortação apostólica *Evangelii Gaudium*. São Paulo: Paulinas, 2014.

_____. 49º Dia Mundial das Comunicações, 2015. <https://w2.vatican.va/content/francesco/pt/messages/communications/documents/papa-francesco_20150123_messaggio-comunicazioni-sociali.html>. Acesso em: 4 jan. 2018.

_____. Carta encíclica *Lumen Fidei* (sobre a fé). 29 jun. 2013. <http://w2.vatican.va/content/francesco/pt/encyclicals/documents/papa-francesco_20130629_enciclica-lumen-fidei.html>. Acesso em: 4 jan. 2018.

JOÃO PAULO II. *Redemptoris Mater*, 25 mar. 1987. <http://w2.vatican.va/content/john-paul-ii/pt/encyclicals/documents/hf_jp-ii_enc_25031987_redemptoris-mater.html>. Acesso em: 4 jan. 2018.

LEÃO XIII. Carta encíclica sobre o Cristo Redentor *Tametsi Futura* (1º nov. 1900). São Paulo: Paulinas, s/d.

LIMA VAZ, Henrique Cláudio de. *Mística e política: a experiência mística na tradição ocidental*. In: BINGEMER, Maria Clara L.; BARTHOLO JR. Roberto dos Santos (org.). *Mística e política*. São Paulo: Loyola, 1994.

Referências

A BÍBLIA. *Novo Testamento*. São Paulo: Paulinas, 2015.
ALBERIONE, Tiago. *História carismática da Família Paulina*. São Paulo: Paulinas, 1975.
_____. *Pensamentos*. São Paulo: Paulinas, 1973.
BENTO XVI. Exortação apostólica *Verbum Domini*. São Paulo: Paulinas, 2010.
_____. Encíclica *Spe Salvi*. São Paulo: Paulinas, 2007.
_____. Silêncio e Palavra: caminho de evangelização. Mensagem para o 46º Dia Mundial das Comunicações – 2012. <http://w2.vatican.va/content/benedictvi/it/messages/communications/documents/hf_ben-xvi_mes_20120124_46th-world-communications-day.html>. Acesso em: 3 jan. 2018.
_____. Homilia durante a Concelebração Eucarística com os Membros da Comissão Teológica Internacional, 6 out. 2006. <http://w2.vatican.va/content/benedict-xvi/pt/homilies/2006/documents/hf_ben-xvi_hom_20061006_commissione-teologica.html>. Acesso em: 3 jan. 2018.
_____. Audiência geral, 25 out. 2006. <http://w2.vatican.va/content/benedict-xvi/pt/audiences/2006/documents/hf_ben-xvi_aud_20061025.html>. Acesso em: 2 jan. 2018.
_____. Homilia por Ocasião da Abertura do Ano Paulino. Roma, 28 jun. 2008. <http://w2.vatican.va/content/benedict-xvi/pt/homilies/2008/documents/hf_ben-xvi_hom_20080628_vespri.html>. Acesso em: 2 jan. 2018.

CELAM. *Documento de Aparecida*. São Paulo: CNBB/Paulus/Paulinas, 2007.

_____. Conclusões da Conferência de Puebla (1979). São Paulo: Paulinas, 1979.

CNBB. *Diretório de comunicação da Igreja no Brasil*. São Paulo: Paulinas, 2014.

_____. *Diretrizes gerais da ação evangelizadora da Igreja no Brasil*. São Paulo: Paulinas, 2011.

_____. *Igreja e comunicação rumo ao novo milênio*. São Paulo: Paulinas, 1997.

ESPOSITO, R. F. (org.). *Carissimi in San Paolo* (CISP). Roma: Edizioni Paoline, 1971.

FERNANDEZ, Victor Manuel. *Teologia espiritual encarnada*. São Paulo: Paulus, 2007.

FRANCISCO. Exortação apostólica *Evangelii Gaudium*. São Paulo: Paulinas, 2014.

_____. 49º Dia Mundial das Comunicações, 2015. <https://w2.vatican.va/content/francesco/pt/messages/communications/documents/papa-francesco_20150123_messaggio-comunicazioni-sociali.html>. Acesso em: 4 jan. 2018.

_____. Carta encíclica *Lumen Fidei* (sobre a fé). 29 jun. 2013. <http://w2.vatican.va/content/francesco/pt/encyclicals/documents/papa-francesco_20130629_enciclica-lumen-fidei.html>. Acesso em: 4 jan. 2018.

JOÃO PAULO II. *Redemptoris Mater*, 25 mar. 1987. <http://w2.vatican.va/content/john-paul-ii/pt/encyclicals/documents/hf_jp-ii_enc_25031987_redemptoris-mater.html>. Acesso em: 4 jan. 2018.

LEÃO XIII. Carta encíclica sobre o Cristo Redentor *Tametsi Futura* (1º nov. 1900). São Paulo: Paulinas, s/d.

LIMA VAZ, Henrique Cláudio de. *Mística e política: a experiência mística na tradição ocidental*. In: BINGEMER, Maria Clara L.; BARTHOLO JR. Roberto dos Santos (org.). *Mística e política*. São Paulo: Loyola, 1994.

MEO, S. Concílio Vaticano II. In: DE FIORES, S.; MEO, S. (org.) *Dicionário de Mariologia*. São Paulo: Paulus, 1995.

PAULO VI. Exortação apostólica *Evangelii Nuntiandi*. São Paulo: Paulinas, 1975.

PUNTEL, Joana T.; CORAZZA, Helena. *Pastoral da comunicação. Diálogo entre fé e cultura*. São Paulo: Paulinas, 2007.

ROATTA, João. *Mensagem mariana do Padre Alberione*. São Paulo: Paulinas, 1979.

SÃO PAULO, Sociedade. *Catequese paulina. Fichas referentes ao conteúdo específico da formação paulina*. São Paulo: Paulus, 2011.

VANNINI, Marco. *Introdução à mística*. São Paulo: Loyola, 2005.

VATICANO. Instrução pastoral *Communio et Progressio*, sobre os meios de comunicação social. São Paulo: Paulinas, 1971.

_____. Constituição pastoral *Gaudium et* Spes, do Concílio Vaticano II, sobre a Igreja no mundo de hoje. São Paulo: Paulinas, 1965.

YSERN, Juan Luis. *Elementos básicos para uma pastoral de la informatica y de las nuevas tecnologias de la comunicación social*. Brasília, 1995 (mimeo.).

Apêndice

Ler e meditar o Evangelho na ótica da comunicação

Estes textos podem servir para meditação e reflexões em encontros, retiros.

Para o cultivo da espiritualidade, é preciso beber na fonte do Evangelho, da Palavra de Deus. Na prática, ler o Evangelho na ótica da comunicação é olhar como Jesus se comunica com as pessoas nas mais diversas situações. Olhar como ele se comunica com as pessoas doentes, as que estavam à margem da sociedade, as que procuravam Jesus para dar um sentido maior à sua vida: as mulheres, as crianças, os fariseus, as pessoas que o buscavam para se libertar de suas amarras e pecados, entre outras.

A vivência da espiritualidade da comunicação que atinge o ser humano por inteiro, em todo o seu ser, fazendo dele, ao mesmo tempo, um ser contemplativo e missionário, é uma exigência de quem evangeliza hoje no campo da comunicação. É a mística que dá sentido aos fatos da vida, confere equilíbrio entre a ação e a contemplação, de modo que toda ação apostólica e missionária parta da interioridade e seja a manifestação do próprio Jesus e do Espírito que nos habita.

As narrativas dos Evangelhos trazem textos que revelam claramente a comunicação de Jesus. Basta observar como ele se comunica com as pessoas, como olha, como escuta, como acolhe, o que diz, o que pede para fazerem, o que silencia. O olhar que contempla a vida e as atitudes de Jesus alimenta os pensamentos e as atitudes, contribuindo para cultivar a mística da comunicação no cotidiano.

Ao ler os textos bíblicos, importa observar o contexto, o cenário, os personagens – quem são as pessoas –, o que fazem, como se relacionam, quais os sentimentos. As narrativas que seguem querem ajudar no exercício de meditação e contemplação a partir das práticas de Jesus. É importante ter a ótica da comunicação de Jesus: como ele se relaciona com as pessoas, como é o seu processo de comunicação, sua linguagem, imagens e metáforas para comunicar a mensagem do Reino, entre outros.

Jesus sabe *escutar* as pessoas. A escuta em Jesus se revela a expressão marcante em sua comunicação. Muitos são os textos que ilustram essa realidade, mas vamos acenar apenas um deles, a pedagogia de Jesus no caminho de Emaús (Lc 24,13-35). Os discípulos caminhavam tristes e desolados e Jesus aparece e *caminha com eles, escuta* o que eles têm a dizer, suas tristezas e frustrações. *Faz memória* das Escrituras, ajuda-os no caminho interior de percepção da realidade, *faz perguntas, dialoga*. Este processo de caminharem juntos faz com que o coração dos discípulos vá criando condições de mudança interior. Mas eles só, realmente, reconhecem Jesus quando este se senta à mesa, parte o pão, e ceia com eles. Pode-se observar como essa experiência com Jesus ressuscitado transforma o coração dos discípulos. Faz arder o coração, tira-os do medo e faz com que se coloquem de novo, *a caminho*, com nova perspectiva, a de missionários da ressurreição, de anunciadores e testemunhas do Cristo a seus irmãos: "Então os dois contaram o que tinha acontecido no caminho, e como tinham reconhecido Jesus quando ele partiu o pão".

A caminho de Emaús (Lc 24,13-35)

Leia o texto e observe o contexto. O texto é colocado após a narrativa do sepulcro vazio. As mulheres e os discípulos foram ao túmulo e o encontraram vazio, apenas com os lençóis. Todos estavam na expectativa do que teria acontecido com Jesus de Nazaré. Dois discípulos iam a um povoado chamado Emaús e conversavam a respeito de tudo o que tinha acontecido. Enquanto conversavam e discutiam, o próprio Jesus aproximou-se e pôs-se a caminhar com eles. "Seus olhos, porém, estavam impedidos de reconhecê-lo." E Jesus lhes diz: "Que assuntos são esses que discutis enquanto caminhais?".

Observe que o texto bíblico descreve que o semblante dos discípulos estava triste, portanto, era possível observar a decepção e a frustração que os abalava. E um dos discípulos, chamado Cléofas, diz a Jesus: "És tu o único que vive em Jerusalém que não sabe os fatos que nela aconteceram nestes dias?". E ali continuou o diálogo entre Jesus e os discípulos, que foi rememorando as Escrituras, muito bem conhecidas por eles. (Veja o quadro a seguir: o processo da comunicação – Jesus – os discípulos e o que eles têm em comum. Elementos comuns são fundamentais para que a comunicação aconteça e transforme.)

E, enquanto caminhavam para o povoado, Jesus ia explicando as Escrituras, até que, ao se aproximar do povoado, ele fez menção de prosseguir, mas os discípulos insistiram: "Permanece conosco, porque é tarde e o dia declina". Então, ele entrou para permanecer com eles. Observe em que momento e de que forma os discípulos fizeram a descoberta sobre quem ele era: quando Jesus repetiu os sinais, sentado à mesa com eles e, tomando o pão, pronunciou a bênção, partiu-o e lhes entregou. "Seus olhos foram abertos e o reconheceram; mas ele tornou-se invisível para eles" (v. 31). No momento da percepção o verbo está na voz passiva: seus olhos foram abertos, como por um dom do Ressuscitado que os toca e transforma seu olhar e a percepção da realidade, conforme atestam: "Não estava ardendo o nosso coração quando falava no caminho, quando nos abria as Escrituras?" (v. 32).

Pedagogia de Jesus > processo relacional		
Discípulos		Jesus
– Dois discípulos caminhavam		– Jesus se aproximou
– Conversavam		– Caminhou com eles
– Estavam com os cegos		– Perguntou
– Não o reconheceram	Jesus Escrituras Diálogo Sinais Memória	– Disse a eles
– Perguntam		– Explicava
– Convidam para ficar		– Fez de conta que ia
– Os olhos de abriram		– Entrou, sentou-se
– Reconheceram		– Tomou o pão
– Sentiram arder o coração		– Abençoou, partiu, deu
– Levantaram, voltaram		– Desapareceu
– Confirmaram, contaram		– Lc 24,13-35 - Emaús

Por sua vez, o encontro com o Ressuscitado abriu seus olhos, mudou seu estado de ânimo, pela presença divina que os transformou de desanimados e medrosos em discípulos missionários: "Naquela mesma hora, levantaram-se e voltaram para Jerusalém onde encontraram reunidos os Onze e os que estavam com eles" (v. 33). Os discípulos contaram tudo o que tinha acontecido e como o tinham reconhecido ao partir o pão.

Observe, nesse texto, a pedagogia de Jesus que se aproxima, caminha com os discípulos, entra na dor deles, os escuta, vai percorrendo o caminho das Escrituras, fazendo com eles o caminho interior da descoberta do Ressuscitado. É na experiência com o Ressuscitado que somos transformados, conforme assegura o Documento de Aparecida: "Não se começa a ser cristão por uma decisão ética ou uma grande ideia, mas através do encontro com um acontecimento, com uma Pessoa" (DAp, n. 243).

De fato, para uma missão eficaz na Pastoral da Comunicação, é preciso estar com Jesus na Jerusalém onde tudo acontece, no dia a dia, no "areópago" e também em Emaús, no aconchego, na celebração com os irmãos e irmãs. Dessa forma, Eucaristia e Palavra se tornam fonte viva da espiritualidade de quem vive e comunica Jesus Cristo Caminho, Verdade e Vida, numa comunicação profética e comprometida com uma sociedade humana, cristã e solidária.

Jesus na Samaria: encontro com a samaritana (Jo 4,1-42)

Leia o texto e observe o contexto. Jesus precisa passar pela Samaria, na Galileia. Quem são os samaritanos em relação aos judeus, lembrando que Jesus é judeu. Observe o cenário, o poço de Jacó. O momento do dia em que Jesus senta-se junto à fonte. Observe os personagens: Jesus, a samaritana, os discípulos, os samaritanos que aparecem no final da narrativa. Quais são as ações de cada pessoa ou grupo, adentre na cena.

Releia o texto e procure observar o processo de comunicação entre as pessoas (pode servir-se do esquema anterior).

Observe como o encontro com Jesus transforma a vida da mulher samaritana e dos seus conterrâneos. O que esse texto diz para você? Para nós? O que nos diz hoje em relação à Igreja "em saída", que vai ao encontro dos afastados, dos excluídos, dos "gentios"?

Sou eu o Bom Pastor (Jo 10,1-18)

Leia o texto e veja o contexto. Este texto vem logo após a cura do cego de nascença, em que Jesus tem um embate com os fariseus que não aceitam sua missão de curar e libertar. Também aqui Jesus dá uma resposta aos fariseus que achavam que ele era possuído pelo espírito do mal. Observe a comunicação que se dá pelas imagens: pastor, ovelhas, porta-voz, lobo, ladrão, pastagens, falsos pastores. Note a proximidade, o coração humano do pastor com as ovelhas e procure fazer a experiência colocando-se na cena com Jesus, o Bom Pastor.

Esse texto é uma pérola preciosa que revela o coração misericordioso de Jesus como enviado do Pai e está em contraposição com Ezequiel 34, que fala dos falsos pastores. Temos também o Salmo 22(23), que reza: "O Senhor é o meu pastor".

O Bom Pastor é próximo das ovelhas, carrega-as no colo, aponta o caminho, dá segurança. O pastor cuida das ovelhas.

Não as abandona na hora do perigo. O pastor carrega a ovelha no colo, quando necessário. A ovelha conhece a voz do pastor. Mas não conhece a voz de estranhos.

Outra imagem, nesse texto, é a da porta. "Sou eu a porta" (Jo 10,9). Porta aberta tem o sentido de passagem, entrada, acolhida, espera, liberdade. Porta fechada pode ter muitos sentidos, entre eles, a falta de acolhida, de disposição em ajudar, o egoísmo. A ovelha entrará, sairá e encontrará pastagens, ou seja, terá a liberdade de filho. O que entra pela porta é o pastor das ovelhas. Quem entra por mim será salvo. Conduz as ovelhas para fora.

O texto de João 10 evoca a parábola do pastor que busca a ovelha perdida (Lc 15,3-7). Jesus conta essa parábola porque estava sendo criticado pelos fariseus por acolher pecadores. O pastor corre risco para ir ao encontro da ovelha que se perdeu pelo caminho. Ao encontrá-la, fica feliz e a coloca nos ombros. Reúne os amigos e conta a todos: "Alegrai-vos comigo porque encontrei a ovelha que estava perdida" (Lc 15,6). O Bom Pastor carrega a ovelha machucada, fragilizada. Caminha na frente das ovelhas, e elas o reconhecem e ouvem a sua voz. O Bom Pastor conquista a ovelha. Ele fala a língua que ela entende. Ela conhece a sua voz. Ele se abaixa para estar com ela e alimentá-la.

Os falsos pastores (Ez 34) apascentam-se a si mesmos, não procuram fortalecer as ovelhas fracas, não dão remédio às que estão doentes, não curam as que se machucaram e não procuram as que se extraviaram. Pelo contrário, "vocês dominam com violência e opressão", profetiza Ezequiel (Ez 34,4).

Outros textos podem ser vistos como os que seguem. Importante é ter o olhar da comunicação na leitura do Evangelho.

Jesus visita Marta e Maria (Lc 10,38-42)

Aqui podemos notar que Jesus visita os amigos e mantém uma relação de amizade humana e espiritual. Jesus convive com os amigos, conversa, faz a refeição, fala da ação e da contemplação.

Jesus almoça com Zaqueu (Lc 19,1-10)

Nesse texto, Jesus desaponta os fariseus que o observavam e não entendiam seu coração misericordioso, que vai ao encontro das pessoas que estão à margem da sociedade. Zaqueu era um cobrador de impostos, trabalhava para os romanos e era malvisto pela sociedade judaica. O Mestre vai ao encontro e se "oferece" para almoçar com ele e com os "pecadores". O encontro com a pessoa de Jesus faz com que Zaqueu não só mude de vida, mas pratique a justiça, devolvendo o que roubou ou desviou.

Nem eu te condeno (Jo 8,1-11)

Jesus estava no Templo e, sentado, ensinava o povo. Encontrava-se diante de um fato altamente discriminatório na sociedade do seu tempo: uma mulher havia sido pega em adultério e deveria ser apedrejada, "conforme manda a lei". Os escribas e os fariseus armaram uma cilada para Jesus, para colocá-lo à prova, evocando a lei de Moisés. A cena é chocante: observamos Jesus e a mulher acusada, no meio, e os demais (homens), ao redor, prontos a jogar-lhe pedras. A Lei prescrevia que o homem e a mulher deveriam ser apedrejados (Lv 20,10). Observamos a mulher, que vive a experiência de condenação, de humilhação, por ter sido pega em flagrante adultério, bem como a expectativa de ser morta por apedrejamento. Nesse caso, o homem não é mencionado; trazem a mulher, entretanto, um adúltero deveria estar escondido entre os que a acusavam.

Estrategicamente, Jesus procurou desviar o foco do apedrejamento, escrevendo no chão, para depois perguntar: "quem estiver sem pecado, atire a primeira pedra" (v. 7). Jesus defendeu a mulher contra aqueles que a condenavam. Ele não cumpriu a Lei antiga, mas a reinterpretou. Ele chamou à consciência os homens e chefes sociais e religiosos diante da mulher "que foi surpreendida em flagrante adultério": "Aquele dentre vós que for sem pecado seja o primeiro a lhe atirar uma pedra" (v. 7).

Jesus proporciona à mulher a experiência da salvação e da acolhida e, levantando-se, disse: "Mulher, onde estão eles? Ninguém te condenou?" (v. 10). "Ninguém, Senhor", disse ela. Jesus falou: "Nem eu te condeno. Vai e, de agora em diante, não peques mais" (v. 11).

Reveja a cena, as pessoas, os fatos, e procure colocar-se nessa cena e escutar o que a Pessoa de Jesus quer comunicar a você.

Rezando a comunicação

Nasceu a comunicação

(Joana T. Puntel, fsp)

De que mais precisamos, neste mundo
senão de comunicação?

Senhor, tu que és a verdadeira comunicação,
a Palavra eterna do Pai,
o sopro de Deus que gera vida,
somente tu podes nos indicar o caminho
das relações humanas, cristãs, de que
o mundo carece. As pessoas procuram.
Os povos anseiam.
As nações buscam, enquanto erram nos acertos.

Temos fome e sede de comunicação.
Aquela que faz as pessoas se respeitarem,
se solidarizarem. Aquela que constrói pontes. Diálogo.
Aquela comunicação que não nasce da pura tecnologia,
mas que, usando os meios de comunicação,
constrói a justiça, o amor. Desperta a ética.

Traz a felicidade. O gosto, já tão perdido,
de estarmos juntos,
ao redor da mesma mesa do pão, da sociabilidade,
do reconhecimento enfim,
de que somos humanos e irmãos.

Temos motivo para ter esperança,
porque tu vieste com uma lógica
tão diferente daquela que nossas vidas seguem,
mas que se esvaziam rapidamente,
porque o brilho do mercado se esvai e a frustração fica.
Temos motivo para a esperança
porque NASCEU A COMUNICAÇÃO!
TU mesmo, Senhor, te tornaste comunicação,
para nos dar o exemplo de superar o medo
e abrir o coração para que, nele, tu faças
o presépio onde nascer. De novo!

Trindade: fonte de comunicação

(Joana T. Puntel, fsp)

Trindade Santíssima
Pai, Filho e Espírito Santo,
MORADA onde se realiza a verdadeira comunicação:
a relação profunda, amorosa e geradora de vida.
Morada que espelha a possibilidade,
sustenta a realização das relações humanas,
nós que somos teus filhos(as), ó Deus.

Sim, em ti, Trindade Santa,
encontramos a razão para continuar crendo
que todos os dias "renovas a face da terra".

Cremos, Trindade Santa, que a tua Palavra
"Eis que faço novas todas as coisas" (Ap 5,20)
é atual, por meio do teu SOPRO criador.
SOPRO continuado e prolongado, por meio do teu Espírito,
na inteligência humana, que tu mesmo criaste.
Inteligência que "imagina", cria, inventa,
estende as possibilidades da comunicação
no hoje da história, utilizando as novas e velhas mídias;
por meio das novas interações humanas,
com a linguagem digital.
SOPRO continuado para fortalecer
o "pulsar do coração" para a vida,
que a comunicação é chamada a desabrochar.

Hoje te pedimos:
que o teu sopro criador, vital, não nos deixe perder
o senso do humano, de sermos teus filhos,
no vasto horizonte que se descortina ante nossos olhos.
Inspira-nos novas linguagens para evangelizar com alegria,
eficácia e competência, no mundo da comunicação.

Ladainha a São Paulo comunicador
(Joana T. Puntel, fsp)

(Às invocações, responde-se ROGAI POR NÓS.)

– Paulo, CHAMADO por Deus para comunicar o Evangelho de Jesus Cristo.

– Paulo, RESPOSTA ao dom de Deus para cumprir o projeto do Pai.
– Paulo, ESCOLHIDO para ser morada do amor de Jesus Cristo.
– Paulo, EXEMPLO VIVO de docilidade ao Espírito Santo.
– Paulo, COMPREENSÃO das culturas existentes no seu tempo.
– Paulo, INICIADOR das comunidades cristãs no ambiente pagão.
– Paulo, CORAGEM na abertura de novos caminhos e horizontes universais.
– Paulo, PROMOTOR da expansão do cristianismo.
– Paulo, SENSÍVEL às pessoas, às realidades socioculturais.
– Paulo, MODELO MISSIONÁRIO para a evangelização do mundo atual.
– Paulo, EVANGELIZADOR convicto de Jesus Cristo, Crucificado e Ressuscitado.
– Paulo, NOVA CRIATURA EM CRISTO, para o benefício dos irmãos.
– Paulo, ATLETA que, na fé, vence os conflitos e desafios da missão.

PAULO, intercede por nós, pelo mundo da comunicação.
Concede à Igreja de Jesus Cristo um novo vigor missionário.
Audácia para responder com amor e competência
às necessidades das pessoas do nosso tempo.
Concede-nos a abertura de mente,
a convicção da fé no viver e anunciar o Evangelho.

PAULO, leva-nos pelos caminhos da sabedoria
e do diálogo decisivo e transparente,
no areópago da comunicação.

Conduze-nos pelas vias saudáveis das novas tecnologias da comunicação,
que geram novas relações nos comportamentos das pessoas.
Ensina-nos a estar presente nos espaços públicos,
com pastorais adequadas,
sem abdicar da identidade cristã.

PAULO, ensina-nos a ser discípulos e missionários
de Jesus Cristo, no mundo da comunicação,
compreendendo, vivendo e influindo eticamente
na construção da cultura midiática atual,
proclamando que somente Jesus é
o CAMINHO, a VERDADE e a VIDA!
AMÉM.

Jesus, perfeito comunicador
(Joana T. Puntel, fsp)

Jesus Mestre,
perfeito comunicador do Pai,
tu és, na verdade,
a comunicação verdadeira.
Comunicando o Pai,
te tornaste comunicação,
no mistério da encarnação.

Vieste a nós para ser um de nós, humanos.
Vieste a nós para restabelecer
nossa dignidade de filhos de Deus.

Vieste a nós para dizer-nos que és a VERDADE.
Vieste a nós para mostrar-nos que és o CAMINHO.
Vieste a nós para re-criar-nos
para a verdadeira VIDA,
que é tu mesmo.

Como perfeito comunicador
e verdadeira comunicação,
tiveste em conta os elementos
essenciais da comunicação:
o diálogo,
a linguagem própria da comunicação,
o amor.

Enquanto te agradecemos
pelos profundos gestos de comunicação,
te pedimos pelo nosso mundo da comunicação,
tão complexo e tão desafiador.
Que o respeito, o diálogo,
a verdade e o amor
sejam vias concretas
para construir a comunicação humana,
que forma a comunidade
cósmica fraternal.

Para crescer na comunicação

(Joana T. Puntel, fsp)

ESPÍRITO CRIADOR!
Espírito de Comunicação entre o Pai e o Filho.
Espírito de Comunicação, que nos recordas

e moves as palavras de Jesus.
Vem recriar em nós, pessoas, a verdadeira comunicação:
que coloca as pessoas em relação através
da compreensão,
do respeito,
da valorização mútua,
do verdadeiro amor.

Vem recriar as energias escondidas
no âmago de cada ser humano,
para que desabrochem as suas potencialidades
de gerar vida através da comunicação criativa,
que inventa,
que realiza a interação da comunidade humana
e constrói a paz,
por meio das novas tecnologias da comunicação,
no aconchego silencioso do espaço planetário.

Vem iluminar os usuários dos meios de comunicação,
para que saibam distinguir e nutrir-se
das mensagens que lhes possibilitem crescer
na dimensão humano-espiritual,
na sua vocação à transcendência!

Espírito Criador!
Protege, guia e desperta em nós
A "tua sabedoria",
que nos leve pelos caminhos
da verdadeira comunicação:

aquela que nos faz sentir mais humanos,
mais irmãos e irmãs e que nos realiza
como filhos e filhas de Deus! Amém.

Creio da comunicação

(Helena Corazza, fsp)

Creio em Deus que é Pai, Filho e Espírito Santo, Trindade que estabelece a comunicação e a comunhão.

Creio em Jesus Cristo comunicador, palavra e imagem do Pai, que revelou o rosto e os segredos do Reino aos pequenos e desprezados da sociedade.

Creio em Jesus que trouxe a Boa notícia e foi, ele mesmo, essa Boa notícia comunicada em imagens, símbolos e histórias do cotidiano do ambiente onde ele viveu.

Creio em Jesus que comparou o Reino de Deus a um pouco de farinha, ao fermento que faz a massa crescer, ao grão de mostarda tão pequeno e tão grande ao mesmo tempo, comunicando, assim, que o Reino é dos pequenos.

Creio em Jesus que viveu as relações humanas, acolheu discípulos e discípulas, grupos e pessoas e, pela sua presença, revelou a bondade e a misericórdia do Pai.

Creio no Espírito Santo que pousou sobre Jesus, no Batismo, e comunicou a ele o amor do Pai e sua própria missão.

Creio no Espírito de Deus presente em cada pessoa, criando e recriando a comunicação interior e profunda, que refaz a pessoa por dentro e a lança para novos caminhos e novas metas, criadoras de vida e comunhão.

Creio que Maria é mulher comunicadora de Jesus com a vida, a palavra e, sobretudo, o gesto de apresentar Jesus ao mundo, desde a visita a Isabel, quando o menino exultou de alegria em seu ventre.

Creio que o apóstolo Paulo viveu e comunicou Jesus Cristo com a vida, as atitudes, a palavra falada e escrita. Ele mesmo disse de si: "Eu quero dar a vocês não só o Evangelho de Deus, mas a minha própria vida".

Creio que os instrumentos da comunicação social são meios de evangelização, espaços e lugares para o anúncio do Evangelho.

Creio na possibilidade de uma comunicação participativa e libertadora, onde as pessoas possam sentar ao redor da mesma mesa e ter propostas que transformem a realidade.

Creio que há mulheres e homens a caminho, construindo uma nova comunicação a serviço da vida.

Discípulos(as) missionários(as) da comunicação

(Helena Corazza, fsp)

E a Palavra se encarnou e armou sua tenda na itinerância humana. Tudo para poder sentar-se à mesa conosco, ser percebida aos nossos olhos, tocada e escutada.

Ó Palavra encarnada,
que assumiste a condição humana,
alegrias, dores e sonhos, nela viveste
e a tudo deste novo sentido.

Vem habitar o mundo das comunicações!
Arma tua tenda no meio de nós, hoje.
Mostra-nos o rosto amoroso do Pai!
E, em ti, faz-nos sentir filhos e filhas,
comunicadores teus!

Vem habitar o mundo das comunicações!
E faz-nos testemunhar a Palavra
que existia desde o princípio:
o que ouvimos, o que vimos com nossos olhos.

Vem habitar o mundo das comunicações!
Arma, hoje, tua tenda itinerante no meio de nós!
Queremos contemplar, saborear e comunicar
Jesus, o Filho de Deus, a Palavra da Vida!

Vem habitar o mundo das comunicações!
Faz de nós discípulos(as) e missionários(as)
que manifestem e comuniquem o que viram, ouviram,
o que as mãos tocaram, o Verbo da Vida!

Vem habitar o mundo das comunicações!
Vive em nós, em nossa tenda, e transforma-a
em espaço de comunicação que gera comunhão,
encontro, solidariedade e alegria contagiante.
Amém.

Maria, comunicadora de Jesus

(Helena Corazza, fsp)

Ó Maria, acolheste a Palavra e ela se fez carne em teu ventre.

Foste missionária na visita a Isabel, levando o Verbo com alegria!

Mostraste Jesus aos pastores e aos reis Magos que vieram visitá-lo em Belém.

Apresentaste Jesus ao Templo e a Simeão e Ana, cumprindo a profecia.

Fugiste para o Egito com José para salvar a vida do Filho de Deus.

Foste Mãe sábia e prudente na missão de educar Jesus em Nazaré.

Foste mãe e seguidora de Jesus, acolhendo a missão que o Pai lhe confiou e praticando seu ensinamento.

Foste mãe solícita e solidária ao antecipar a "hora" do primeiro milagre, em Caná da Galileia.

Foste mulher forte no caminho da cruz e ali nos recebeste por filhos.

Foste testemunha da ressurreição, vivendo a alegria do encontro com o Filho.

Sustentaste a fé da primeira comunidade cristã à espera do Espírito Santo, em Pentecostes.

Com os discípulos, recebeste a missão de evangelizar, quando Jesus partiu para o céu.

E, no final de tua vida na terra, a Santíssima Trindade te levou ao céu e te fez rainha.

Por isso, nos te veneramos como Mãe da Igreja, modelo de virtudes que nos aponta o Caminho, a Verdade e a Vida que é Jesus.

Mãe, ensina-nos a acolher a Palavra do teu Filho e a guardá-la no coração.

Ensina-nos a escutar a Palavra para que ela se encarne em nós.

Ensina-nos a viver e comunicar a Palavra para traduzi-la em ações concretas.

Ensina-nos a ser discípulos(as) missionários(as) do teu Filho, comunicando-o a todos que se aproximarem de nós e a quem somos enviados(as). Amém!

Rezando com todo o nosso corpo
(Bem-aventurado Tiago Alberione)

Que eu ame com o vosso coração.
Que eu veja com os vossos olhos.
Que eu fale com a vossa língua.
Que eu ouça com os vossos ouvidos.
Que eu saboreie aquilo que é de vosso gosto.
Que as minhas mãos sejam as vossas.
Que eu ore com as vossas orações.
Que o meu modo de tratar seja o vosso modo.
Que eu celebre como vós vos imolastes.
Que eu seja vós e que vós sejais eu; até que eu me aniquile.
Dignai-vos servir-vos desta língua
para entoar hinos a Deus por todos os séculos;
deste coração para amá-lo;
deste pecador, o mais indigno, para proclamar:
"Eu sou o Bom Pastor, eu quero a misericórdia".

Oração do comunicador

(Bem-aventurado Tiago Alberione)

Ó Deus,
que, para comunicar vosso amor aos homens,
enviastes seu Filho, Jesus Cristo,
e o constituístes Mestre,
Caminho, Verdade e Vida
da humanidade,
concedei-nos a graça de utilizar
os meios de comunicação social
– imprensa, cinema, rádio, audiovisuais...
– para a manifestação de vossa glória
e a promoção das pessoas.

Suscitai vocações para essa multiforme missão.
Inspirai os homens de boa vontade
a colaborarem com a oração,
a ação e o auxílio material,
para que a Igreja anuncie
o Evangelho a todos os homens,
através desses instrumentos.
Amém.

Pela comunicação social

(Bem-aventurado Tiago Alberione)

(Título original: *Para quem tem sede de almas como Jesus* [1924].)

Senhor, ofereço-vos, em comunhão com toda a Igreja, Jesus na Eucaristia e a mim mesmo como oferenda permanente e agradável a vós.

– Em reparação pelas mensagens errôneas e comportamentos equívocos, divulgados pelos meios de comunicação.

– Para que regressem à casa do Pai aqueles que se afastaram, seduzidos por esses poderosos instrumentos.

– Pela conversão daqueles que, no uso desses instrumentos, desconhecem os ensinamentos de Cristo e da Igreja, e desviam os homens do caminho da salvação.

– Para que todos sigamos o único Mestre que, na plenitude do vosso amor, enviastes aos homens e que nos apresentastes, dizendo: "Eis o meu Filho amado. Ouvi-o!"

– Para que todos conheçamos e procuremos tornar conhecido Jesus, Palavra encarnada, o único e verdadeiro Mestre, o caminho seguro que nos leva a conhecer o Pai e a participar de sua vida.

– Para que aumentem, na Igreja, os sacerdotes, os consagrados e os leigos que, através dos meios de comunicação, anunciem aos homens a mensagem evangélica da salvação.

– Para que os comunicadores – escritores, técnicos, divulgadores – sejam homens evangélicos, capacitados em sua área de trabalho, e autênticas testemunhas de Cristo no campo da comunicação social.

– Para que as iniciativas católicas nesse setor cresçam em número e eficácia, de tal modo que, promovendo os valores humanos e cristãos, superem tudo o que se opõe à salvação dos homens.

– Para que nós, conscientes de nossos limites, nos aproximemos, com humildade e confiança, da fonte da vida e nos alimentemos com a vossa Palavra e com a Eucaristia.

– Por todos os homens, nós vos pedimos, ó Pai, luz, amor e misericórdia.

Para entronização de Maria nas famílias

(Bem-aventurado Tiago Alberione)

Vinde, ó Maria, entrai e habitai nesta casa que vos oferecemos e consagramos.

Sois bem-vinda! Nós vos recebemos com a alegria de filhos.

Somos indignos, mas vós sois tão boa que quereis morar com os vossos filhos mais humildes.

Nós vos acolhemos com o afeto com que João vos levou para casa, depois da morte de Jesus.

Dispensai a cada um de nós as graças espirituais que nos são necessárias.

Dai-nos as graças materiais, como obtivestes o vinho para os esposos de Caná.

Afastai para longe de nós o pecado.

Sede, aqui, Mãe, Mestra e Rainha. Aumentai em nós a fé, a esperança e a caridade.

Infundi em nós o espírito de oração.

Jesus, Caminho, Verdade e Vida habite sempre nesta casa.

Suscitai vocações entre os nossos entes queridos.

Que os membros desta família se encontrem um dia todos reunidos no céu.

Amém.

Salmo da comunicação

(segundo inspiração do Bem-aventurado Tiago Alberione)

Louvor a ti, Senhor Deus, pela palavra impressa, pão para a inteligência e luz para a vida.

Pelos escritores e jornalistas e por todos os comunicadores que operam na imprensa; pelo dom de seus talentos e de suas energias da mente e do coração a serviço da verdade.

Pelas maravilhas da televisão que traz no coração dos nossos lares as alegrias e as dores da humanidade!

Pela música e pelo teatro que oferecem abundantes propostas e mensagens. Que sejam sempre reflexo da tua beleza e dos teus dons.

Pelo dom do rádio, que caminha sobre as asas do vento, supera as distâncias e oferece a todos informação e divertimento. Que seja usado para tornar a humanidade livre, unida e pacífica.

Por todos os artistas, diretores, produtores e atores que comunicam com o cinema, para que este meio promova a verdade e o bem, a justiça e a solidariedade, cante os valores da vida e anuncie o Evangelho de Jesus.

Para que aconteça um Pentecostes sem fim do teu Espírito Criador que nos torne capazes de propagar o fogo da tua verdade, beleza e bondade.

Pelas maravilhas da internet e da comunicação digital, que aproximam irmãos e irmãs do mundo inteiro, gerações e culturas. Que possam promover o conhecimento recíproco, o respeito mútuo e o amor fraterno.

Que os cegos vejam, os surdos ouçam...

Que a Boa-Nova de Jesus atinja todos os confins do universo...

Glória a ti, Senhor, pela comunicação humana e social!

Glória a ti, Senhor, por todas as vezes que a nossa comunicação gera vida e constrói comunhão!

Amém.

Rua Dona Inácia Uchoa, 62
04110-020 – São Paulo – SP (Brasil)
Tel.: (11) 2125-3500
http://www.paulinas.com.br – editora@paulinas.com.br
Telemarketing e SAC: 0800-7010081